LES

MONTROUGIENNES,

EN TROIS CHANTS,

PRÉCÉDÉES

D'UNE ÉPITRE A LA LIBERTÉ;

avec observations sur chaque chant;

Par Ch. BESANÇON.

> Si la religion a ses plaies,
> la politique a les siennes.

PRIX : 1 FR. 50 C.

PARIS,

HENRI FÉRET, LIBRAIRE,

COUR DE NEMOURS, 25,

au Palais-Royal.

PETIT MONTROUGE,

CHEZ L'AUTEUR,

ROUTE D'ORLÉANS, 77.

FREY, AU CABINET DE
LECTURE.
rue des Catacombes, 2.

CHEZ J. DELACOUR, LIBRAIRE-ÉDITEUR, A VAUGIRARD.

1839.

Tout exemplaire pour être valable, devra être revêtu de la signature de l'auteur.

IMPRIMERIE DE J. DELACOUR.
A Vaugirard, rue de Sèvres, n° 94.

LES

MONTROUGIENNES,

EN TROIS CHANTS,

PRÉCÉDÉES

D'UNE ÉPITRE A LA LIBERTÉ;

avec observations sur chaque chant;

Par Ch. BESANÇON.

> Si la religion a ses plaies,
> la politique a les siennes.

Prix : 1 fr. 50 c.

PARIS,

Henri FÉRET, LIBRAIRE,

COUR DE NEMOURS, 25,

au Palais-Royal.

PETIT MONTROUGE,

Chez L'AUTEUR,
ROUTE D'ORLÉANS, 77.

FREY, AU CABINET DE
LECTURE.
rue des Catacombes, 2.

Chez J. DELACOUR, Libraire-Éditeur, a Vaugirard.

1839.

AVANT-PROPOS.

———

Tous les ouvrages, poème ou prose ont leur but : mon intention a été de dévoiler les abus, mais non de les corriger ; à chacun sa tâche.

En feuilletonnant l'histoire ancienne et moderne, la plupart des écrivains ont ridiculisé les hommes de leur siècle, et sur la gestion de leurs affaires publiques et sur celle de leur vie privée ; ont critiqué les mœurs tendantes toujours, comme sur un plan incliné, à dériver vers la dépravation ; ont essayé, par des détours plus ou moins ingénieux, à nous rendre meilleurs en nous traçant la vraie voie du bonheur de la vie humaine.

Tous ont échoué : la masse du peuple, écolière indomptable, poussée par je ne sais quelle fatalité, entend et prétend ne recevoir aucune leçon : c'est le torrent auquel nul obstacle ne peut entraver sa chute ; et même un scandale pour elle a plus de retentissement qu'une conduite exemplaire, preuve de sa constante tendance à sa dissolution

Mais il n'est point dit, parce qu'on ne peut ni l'éclairer, ni la corriger, qu'il faille ne faire aucun effort pour retenir, au moins par la persuasion, certains esprits privilégiés par le jugement.

La masse n'écoute et ne lit point les ouvrages sérieux, mais elle plaisante et rit de ceux plus ou moins gais. De son *castigat ridendo* l'impression n'en est que momentanée, c'est l'éclair qui paraît et disparaît aussitôt : elle les aime, parce qu'ils lui cachent, sous les traits de la moquerie, la tendance à la corriger ; c'est la vérité déguisée et permise : mais séduire la masse en la trompant par des sophismes mensongers, est la plus grande des lâchetés, non-seulement parce qu'alors les armes sont plus faciles à manier ; mais encore parce que leurs idées émises ne sont celles d'hommes à conviction. Tous savent pertinemment qu'ils font mal.

L'esprit étroit, aux petites idées rétrécies, emploie de préférence ce moyen, ayant plus de chance de succès. En un mot, je crois pouvoir renfermer toute ma pensée dans ces deux vers :

Si corriger est difficile,
Esprit de nuire est plus facile.

J'ai pris pour guide la vérité; elle est et sera mon égide; combattra les faux principes, se montrera aux esprits consciencieux; toujours nue, sans d'autres désirs que ceux de la persuasion; toujours nue, elle n'empruntera point à l'esprit ce voile plus ou moins épais qui donne, à celle qui s'en revêt, des formes plus ou moins gracieuses, et qui, il est vrai, a su en tout temps se faire aimer, et par son jeu plaire à la masse; toujours nue, elle sera plus facile à reconnaître, que bariolée de divers tissus qui auraient pour trame un argument plus ou moins sophistique et dont l'étoffe serait enjolivée par de riants et aimables mensonges; enfin toujours nue, elle sera ma seule et unique compagne. Quant au style, à la construction des vers, et la multiplicité des rimes, peu m'importe que la critique y trouve un dévergondage sans exemple. Qu'est-ce qu'un amour-propre blessé, en présence de l'intérêt général? De très mauvais vers répétés à propos ne peuvent-ils remplir leur but? Puis je ne vois, en vérité, pas pourquoi un léger opuscule, opuscule du moment, éphémère de naissance, auquel on ne tient point par le peu de travail qu'il a nécessité et qui n'a d'autres prétentions que d'être utile, serait soumis à toutes les règles plus ou moins sévères de nos ouvrages classiques.

Serait-il ridiculisé comme il le mérite? même serait-il persiflé, hué, bafoué? s'il a frappé juste, je serais encore grandement indemnisé!!!

ÉPITRE A LA LIBERTÉ.

O liberté ! qu'es-tu ? Qu'un bien dur esclavage !
Qui t'aime trop te blesse et qui te fuit l'outrage :
Heureux qui t'apprécie, il connaît tes erreurs,
Et le sage jouit, sobre de tes faveurs.
Grand peuple il faut l'aimer, l'aimer comme sa vie,
Et fuir ses passions qui toujours l'ont trahie !
Faible fille insoumise épousant nos excès,
Libre on tue en ton nom, caressant nos projets :
Si par de sages lois tu n'es point secondée,
Cédant à nos désirs, fille dévergondée,
Ne connais ni justice, et libre, ni vertu !
Hélas ! sans leur appui ! la Liberté qu'es-tu ?
Ivre par passions, qu'un pas à la démence ;
Folle, libre de toi, qu'un pas à la licence.

C'est en ton nom jadis, qu'on subissait la mort,
Que le sang ruisselait, pour prouver notre accord,
Qu'on pendait l'innocent, sans juges, sans enquête,
Et même ce grand peuple, en coupant chaque tête,
Criait dans son transport, vive la Liberté !...
Mort aux cœurs généreux ! noblesse et royauté !

N'est-ce point en ton nom qu'un fils tuait son père ?
Qu'une prime il avait, pour dénoncer sa mère ?
Qui ne volait et tuait, n'avait jamais raison ;
Car l'homme honnête ou riche allait droit en prison ;
L'innocence en ton nom, n'était qu'un vrai coupable ;
Par la Convention, grand crime inexcusable.

Tout était criminel : d'un roi d'être l'enfant,
Ou d'une vieille race être un grand descendant.
De leur folle croyance on punissait les prêtres,
Au peuple propageant la foi de nos ancêtres ;
Ou l'humble citoyen, pour ne mourir de faim,
Faisant contre la loi, provision de pain :

A te chérir paraître, aux douleurs se contraindre,
Ne repousser le crime et le voir sans se plaindre,
Abolir, en ton nom, ces sentiments humains,
Qui nous privaient, dit-on, d'être républicains.

Les citoyens pour toi, ne sachant plus que faire,
Prirent enfin la loi pour leur dieu tutélaire ;
Oui, qui veut son empire, aime la Liberté,
Seul et digne soutien de la société.
Faut donc pour être heureux, que la loi t'emprisonne,
Mais que sous ses verroux, qu'elle ne t'abandonne,
Tu redeviens alors, dans cet étroit enclos,
Pour tous les citoyens, déesse de repos.
Ainsi bridée il faut que la loi te protége
Et qu'elle te défende, évitant sacrilége,
Et même elle te doit, dans ta privation,
Contre les rois, les grands, ample protection.
De toutes passions prends-la donc pour refuge,
Tu évites tout crime en l'ayant pour ton juge.

Liberté ! penses-tu que tu es dans les fers,
Pour ne pouvoir agir seule à tort à travers ?
Ou bien es-tu perdue, arrêtant la furie,
Pour cet homme qu'on tue au nom de la patrie ?
Ou bien pour l'innocent, tout en ayant raison,
Qu'on renferme pour toi dans l'étroite prison ?
Te croiras-tu perdue, en prenant pour compagne,
Les lois de notre France ou celles de l'Espagne ?

Car, dans tous les pays, fière de ton attrait,
Tu peux, sur les humains, répandre ton bienfait.
Oui, pour y réussir, posséder leur suffrage,
Crois, chère Liberté ! règne sous leur usage.

L'Arabe sous sa tente au milieu des déserts
Prétend être à lui seul maître de l'univers,
Même le parcourir, sans avoir d'autre envie
Que de se procurer les besoins de sa vie.

Ou le bon paysan, son pain noir frotté d'ail,
Sa piquette aigrette, épargnes du travail,
Dès l'aube matinale, errant dans sa montagne,
Exempt de tout remords que la joie accompagne,
N'échangerait, je gage, heureux de son destin,
Sa chère liberté pour être citadin.

Se contenter de peu, c'est vivre en homme libre,
Mais l'or, les passions, en brisent l'équilibre,
Pourquoi ne pas leur dire : il faut tout me céder,
Luxe, paresse, argent, pour mieux me posséder.

Dans nos palais, dis-tu, couverte de misère,
On s'y moque de toi, leur servant de portière.
Laisses toujours monter l'homme à l'habit brodé,
Et tu chasses, dis-tu, l'honnête gueux crotté.
Comme ulcère chancreux de l'aristocratie,
Ou le digne soutien de la démocratie.
La porte est donc ouverte aux nobles, aux banquiers,
Ne tire le cordon aux gens de tous métiers :
Pourtant un seul d'entre eux, qu'élection désigne,
A sur le gueux le droit de forcer ta consigne ;
Tu restes dans ta loge, et plus heureux que toi
Tu le laisses monter dîner avec le roi,
Et tous ses protecteurs qui forment la cohorte,
Avec toi, de concert, sont pour garder la porte.

Mais tu ne vois, dis-tu, ni l'humble pauvreté,
Ni les abandonnés, royale parenté,
Accourir demander, forts de ton influence,
De les laisser passer, pour avoir une audience.
Se présenteraient-ils ? ne tire le cordon,
Si tu ne veux pour eux ce terrible pardon.

Pourquoi quitter ta loge, ô Liberté portière ?
Pourquoi fuir les palais pour la triste chaumière ?
Aux yeux des bonnes gens tu fais voir ton dépit,
Pour des lambris dorés, prendre un pauvre réduit.
Oui; mais, me diras-tu, là j'y règne à mon aise;
On me fait tant d'honneur, qu'il faut que je m'y plaise;
Là, sans distinction, même table et foyer,
Pour le maître ou valet ou pour le passager;
Là, jamais de cordon, porte toujours ouverte,
Et la garde ne veille, épiant une alerte.
Dans cette hôtellerie! oh! quel séjour heureux!
On y couche le riche, on y couche le gueux;
L'égalité chez l'homme est une douce amie,
Quand elle a le bon cœur pour seule compagnie;
Recevant l'un et l'autre avec le même attrait,
Le cœur ne calculant le prix de son bienfait.
Oui, je me plais, dis-tu, bien mieux dans la chaumière
Où tout le monde vit chacun à sa manière,
Qu'à la ville, au palais, où tout bouffi d'orgueil
On offre tout au riche, au gueux mauvais accueil.
Vois, chère Liberté! par eux seuls travestie,
Les grands n'ayant pour toi la moindre sympathie,
On crie en te chassant, vive la liberté!
En faisant un baron, vive l'égalité!
L'honnête homme enchaîné comme un être nuisible,
Crie à la Liberté! tu restes inflexible!!!
Libre! tu ne connais ni la loi ni le roi,
Alors par tes forfaits, fière de ton effroi,

Tu règnes sur nous tous au nom de la licence,
Laisses le criminel accabler l'innocence ;
Tu protèges le vol, même l'assassinat,
Qui règne sans la loi, règne en grand scélérat.
Pour ton ambition, ou pour ton seul caprice,
Tourmenterais le pauvre, implorant ta justice,
Accablerais le faible, en protégeant le grand,
Même par ton bon droit, il se croirait puissant.

Crois, chère Liberté ! tu ne peux être reine,
Sujette de la loi, prends-la pour souveraine.
Sous sa protection, tous tes sujets soumis,
Combattront avec toi tous nos grands ennemis.
La licence en ton nom, que l'écrivain professe,
Apprendra par la loi, liberté de la presse ;
Et le crime à son tour, par les clubs comploté,
Verra bientôt son maître, au nom de liberté :
Même le sacrilége, en proie à tant de luttes,
Par elle, comprendra la liberté des cultes.
Pour le faible ou le fort, même protection,
Pour le riche ou le gueux, même punition.
Car la loi devant l'or doit rester inflexible,
Frapper dans tous les rangs, l'être, à nous tous, nuisible.
Défendre l'innocent, punir le criminel,
N'est-ce pour l'honnête homme, un don qui vient du ciel ?
La loi, la Liberté, ne seront vénérées,
Qu'exemptes de partis, par eux seuls ulcérées.
Pour rendre la justice avec conviction,
Il faut être avant tout, homme sans passion,
Le cœur grand, généreux, l'âme forte et capable,
Distinguer l'innocent, et punir le coupable.
Si juré sur la liste, est une qualité,
Elle ne donne point la perspicacité ;
La hardiesse encor moins, quoiqu e dans cette enceinte
Qu'il soit permis, dit-on, d'interroger sans crainte.

Devant tout un public ; son corps bouleversé,
Vous le rend plus tremblant que le pauvre accusé ;
Ou son esprit se trouble à sa voix souveraine ;
Qui peut soudain l'absoudre ou le couvrir de chaîne.
Il hésite, il chancèle ; il croit au repentir,
Son cœur trop généreux se refuse à punir :
Condamner de sang-froid, il faut de l'habitude,
Est-il ou non coupable ? est vraiment une étude ;
L'homme paisible et bon, d'un regard paternel
Y voit trop son semblable et non un criminel.
Puis vient le défenseur d'une voix engageante,
Lui dicter pour devoir, la cause atténuante :
« J'en appelle à vos cœurs, à la bonne raison,
« La mort ne doit punir, mauvaise inclinaison.
« A Dieu seul appartient d'attenter à sa vie,
« Vous ne souffrirez point qu'elle lui soit ravie.
« Le plus grand crime, hélas ! n'est qu'une passion,
« En punir le corps seul, c'est la dérision.
« Le repentir, Messieurs, est un feu qui consomme,
« Qui ne s'éteint jamais, qu'avec la mort de l'homme
« Il est donc plus à plaindre, enclin à son défaut,
« Que celui dont la *tête* arrose l'échafaud. »
Souvent tous ces grands mots prônés par l'éloquence,
En lui laissant sa vie, obtient sa délivrance ;
Au nom de l'indulgence, au nom de liberté,
Replonge son poignard, rêvant que cruauté.
Hélas ! pour son pardon, pardon illégitime,
De deux malheurs pour un l'honnête homme est victime.

Le voleur qui n'est libre, inspire en sa prison,
Cette philanthropie égarant la raison :
On veille pour ses jours, on plaint son esclavage,
On le traite en héros, on aime son courage,
On lui fait son portrait, son nom devient pompeux
Un homme à tels *moyens* méritait d'être heureux.

Le père de famille, accablé de misère,
Meurt sur un dur grabat, moins heureux qu'en galère,
L'on ne goûte chez lui, son pain noir tout moisi,
De sa pauvre misère, on ne prend nul souci :
Pour lui, point de pitié, point de philanthropie,
Esclave du travail, qu'il abrège sa vie,
Ou qu'il vive, ou qu'il meure, on ne prend nul tourment.
Devient-il un fripon ? on le choie à l'instant.
Comblé de tendres soins, sans honte pour son crime,
Privé de liberté, l'on le traite en victime.

Voleurs ou meurtriers, pour eux compassion,
Tâchons par nos bienfaits, d'adoucir leur prison.
Au nom de Liberté! le frère est toujours frère,
Interprétons la loi, la peine est trop sévère.
N'est-ce point une prime à l'être paresseux,
Sachant que criminel, il sera plus heureux ?
Car être un honnête homme, est charge difficile,
Prendre chez son voisin, est chose plus facile.

Avant l'homme, la loi, point de timidité,
Punissons le coupable avec sévérité.
A la loi, Liberté !!! si tu n'es point soumise,
Esclave des partis, tu ne seras comprise.
L'égalité ta sœur, à mes yeux, c'est la loi,
L'égalité, la loi, bien comprises.—C'est toi !!

La justice pour tous, par nos juges bien faite,
Nous donnerait, je crois, la liberté parfaite.

Dans un lointain pays, exilant les méchants,
Ne pouvant plus troubler, tous les honnêtes gens
Auront en travaillant, la liberté de vivre,
Ne craindront plus la mort, pour un seul qu'on délivre :
Qui sort de la galère en revient scélérat,
Et débute souvent par un assassinat :

Vous le plaignez, c'est vrai, du penchant de son crime,
Mais ne parlez, hélas! de sa pauvre victime.
Quelle terrible épreuve! au lieu d'un repentir,
Voyez, que trop souvent, criminel et martyr!

Si je voulais, sur toi, par un autre chapitre,
De ton nom qu'on abuse, augmenterais l'épître ·
Vois tous ces pauvres gens! esclaves jour et nuit
Payent bien plus d'impôts, pour leur petit réduit,
Que l'homme tout-puissant, du temps sachant que faire,
A son mortel ennui, tâche de s'y soustraire.
Ou de simple électeur, devient-il député?
Répète avec transport, ce nom de liberté.
Toute la charge au pauvre et les honneurs au riche,
Liberté! n'est-ce point l'égalité postiche?
C'est en ton nom aussi, qu'avec péroraison,
Pour prouver qu'on est libre, on vous met en prison.
A cette belle France! oh! combien tu es chère!
Pour toi, ciel! que de sang!!!... non j'aime mieux me taire.

FIN.

OBSERVATIONS

L'ÉPITRE DE LA LIBERTÉ.

Les hommes de nos jours, laissant l'étymologie des mots de côté, les ont employés selon les circonstances, ou mieux selon leur bon plaisir : riches en mots plus ou moins bizarres, qu'ils ont inventés et qu'ils inventent de jour en jour, ils se sont appliqués à bien les prononcer, à bien les écrire, ce qui est déjà une grande étude à part de la science ou des choses qu'ils représentent : mais ils ne se sont point attachés à leur propre signification. Voyez cette aristocratie qu'ils ont tant combattue ; revêtue d'un autre nom, elle s'accommode, ou mieux elle vit avec la plus grande intelligence avec tous les partis : les banquiers, les notaires, les avoués, les avocats, tous les corps d'état, même les épiciers, boulangers, bottiers, etc., la représentent : les savants à leur tour ne voulant rester en arrière, ont aristocratisé tous leurs mots ; heureuses les intelligences qui les comprennent, car ils bredouillent un langage plus difficile à apprendre que la science elle-même. La science et son jargon, fiers de cette noblesse de mots, deviennent à leur tour le privilége de quelques hommes ; et cette science au lieu, par la simplicité de ses expressions, se mettre à la portée de tous, éclairer les masses, y répandre son bienfait, elle les rejette. Tous ses mots rapsodiés de langues mortes et étrangères semblent la rendre plus fière et plus coquette, de n'être point comprise.

2

Il semble en vérité que nous sommes honteux de nous servir de cette langue qu'ont parlée, écrite, corrigée, épurée, *Pascal, Boileau, Corneille, Racine, Molière, La Fontaine, Bossuet, Fénelon, Voltaire, J.-J. Rousseau,* etc. etc., et cette langue qui représente de si grands chefs-d'œuvre, pourquoi ne peut-elle, par la simplicité de son langage, nous faire comprendre et les arts et les sciences? Nuirait-elle à leurs progrès? empêcherait-elle qu'on les comprît? ou les exclurait-elle par sa richesse, sa simplicité et sa beauté? Leurs progrès ne peuvent consister dans la composition d'un mot grec ou latin, leur richesse dépendre de son langage, puisqu'ils ne rempliraient leur but : l'agrandissement de la conception humaine et l'éclaircissement des masses, en se mettant à leur portée par la simplicité de leur jargon. Oui l'un et l'autre ne demandent à être ornés, mais bien à orner. Riches de leur utilité, fiers de leur attrait, désintéressés de leur nature ; aimés sans coquetterie, ne prétendent cacher la beauté de leurs traits, sous cet épais manteau, bariolé, bigarré, drapé, rapsodié de ces mots bizarres (êtres parasites de langues étrangères), inventés pour complaire à ce sot pédantisme des plus ridicules.

Hélas ! la décadence d'un peuple, entraîne toujours avec elle celle de sa langue ; semblable au reptile, vous la voyez alors se façonner, se courber, se plier, prendre des formes différentes, afin de se mettre en rapport avec l'abrutissement et la dépravation de nos mœurs. La richesse d'une langue semble donc ne pouvoir s'allier avec la dégradation de nos chers sentiments : car qu'est-ce qui la représente cette richesse? qui la répand par profusion chez nous tous? si ce ne sont ces hommes à haut, puissant et grand génie. Qu'est-ce qui les fait naître? qui les produit, qui les couvre de gloire? Ce n'est point cette langue susceptible de toutes les modifications qu'on voudra lui donner. Elle ne pousse au génie, mais jamais ne l'empêche.

Comme nous, comme les nations, comme tout ce qui est

de ce bas monde, elle a une naissance, une enfance, un âge fier de son auréole de gloire (apogée), et une décadence.

La langue qu'a chantée Homère, n'est plus celle que parlent nos Grecs d'aujourd'hui ; et celle qu'a illustrée le siècle d'Auguste, n'est plus celle que bredouillent et nos latinistes et nos Romains du jour.

Encore quelques années, au train qu'on y va, la langue du XVIIe siècle ne sera plus celle que parleront tous nos savants du XXme siècle : morte pour eux, ils seront obligés de la faire apprendre pour mémoire à leurs enfants, afin qu'ils puissent lire, mais non comprendre celle qui a servi à produire tant de chefs-d'œuvre.

Mais pourquoi ne peut-elle rester dans son *statu quo*? Parce que les mots dont elle est formée, varient selon notre caprice, notre incroyable penchant pour tout ce qui est nouveau, et que nous appelons cela faire de l'esprit : donc toujours le même nom pour le même mot ne peut et ne sera de notre essence.

Tout le monde s'évertue à faire de l'esprit, et Dieu sait quel esprit ! La science politique a cru que c'était mieux de terminer tous ses grands mots en *isme ;* de là elle a fait républicanisme, individualisme, philosophisme, royalisme, libéralisme, etc.

Les sciences proprement dites, les ont terminés en *ite*, en *ate*, en *ure*, exemple, sulfate, sulfure, sulfite, etc. L'anatomie a voulu aussi avoir ses mots, et connaissant toute la portée des organes de la respiration, elle a fait le nom suivant qu'on doit prononcer sans perdre haleine: *pterygo-syndesmo-staphyli-pharyngien.* La médecine les a terminés en *ite*, de là elle a fait gastrite, entérite, otite, méningite, céphalite, etc. Je ne désespère point qu'un jour, ces mêmes mots ne se terminent en *ute ;* et l'on s'écriera progrès !... Pour des savants, je trouve que c'est très concluant que le langage des sciences doit rester inintelligible, parce qu'avant elles, les langues latine et grecque ont existé : je ne désespère point non plus, que tous leurs mots d'aujourd'hui, chassés, proscrits, ils ne les reforment de la langue arabe, ou mieux chinoise.

Je ne parlerai pas de ces mots qui ont plusieurs significations ; mais je donnerai quelques exemples de ceux qui représentent des choses inverses, ou mieux antagonistes de l'objet qu'ils doivent représenter. De deux choses l'une, ou ils doivent gouverner ou être eux-mêmes gouvernés par l'objet diamétralement opposé à celui qu'il devrait réellement représenter. Qu'on me pardonne mon pléonasme à la vérité que je cherche à mettre au grand jour : il ne s'agit de se comprendre, il faut encore être compris.

Défendre une injure qui se trouve le plus ordinairement, en dehors de nos lois, la défendre, dis-je, au péril de sa vie, est une action noble, grande, loyale, désintéressée, qui représente l'homme d'honneur. Eh bien! ce mot homme d'honneur, nous l'avons tellement généralisé, que nous ne le comprenons plus. Le spadassin sûr de son coup, en lâche, assassinant son adversaire, n'en reste pas moins homme d'honneur ; le débauché criblé de dettes, capable de vendre son honneur, même celui d'autrui, victorieux ou tué, n'en reste pas moins homme d'honneur. Eh! que ne dites-vous que les brigands qui attaquent une diligence sur une grand'route, luttant avec témérité, corps à corps contre vos coups meurtriers, comme hommes courageux, sont tous des gens d'honneur ; car, à vous entendre, il suffit d'affronter la mort pour être homme d'honneur, et la masse fascinée par cet étrange abus de mots, vous aime, vous admire et honore.

Mais si un galérien vous tuait en duel, ou qu'il fût tué, vous ne pourriez non plus lui refuser ce nom cher aux cœurs grands et généreux : pourquoi ? parce qu'on ne s'entend plus sur le mot. Je prétends et soutiens quels que soient les actes de témérité et de courage qu'on fasse, on ne peut

être homme d'honneur si vous n'êtes préalablement honorable et honoré. Honorable doit passer avant honneur ; et
fier d'être honoré, on ne doit souffrir ni permettre aucune
atteinte à sa juste renommée. Mais il ne doit, que dis-je?
l'homme honorable et honoré ne peut défendre sa vie qu'avec
son égal ; et non avec l'homme flétri par des actes antérieurs,
ni avec le vil spadassin qui en fait un jeu, ni avec le fou ou
le lâche qui attaque, ni avec le joueur ou l'homme dégoûté de
la vie, qui souvent tout en tuant, cherchait à se faire suicider.
Vider un différend par les armes, en homme d'honneur, est
un différend que la justice ne peut atteindre, et dans ce
cas les duels doivent et seront toujours extrêmement rares.
Car l'homme honorable et honoré ne cherche point à insulter
pour le plaisir de se battre, et doit, dans le plus grand
nombre des cas, se faire un devoir de livrer à la justice
l'attaque du lâche, du fou, de l'homme ravalé par ses dé-
goûtantes et basses passions, ainsi que celui qui fait métier
de son adresse pour le plaisir de commettre impunément
un meurtre.

Le duel, la terreur du lâche, empêche sa vengeance ;
l'abolir aurait un autre inconvénient immoral : il nous obli-
gerait à devenir beaucoup plus processifs, à nous ruiner pour
défendre un honneur en proie aux caprices des lâches.
Vous n'ignorez point que, souvent dans les procès, celui qui
gagne, perd.

Ainsi, grammaticalement, moralement et consciencieuse-
ment parlant, le mot honneur tel qu'on le comprend vulgai-
rement, n'est qu'une témérité, une bravade, qui ne représentent le véritable honneur.

Chercher à reconnaître le sens de tous nos mots politiques
du jour, est une étude, étude qui n'est point facile : quelle
force d'intelligence pour comprendre toute cette métaphy-
sique politique ! Quelle perspicacité pour débrouiller tous
ses arguments sophistiques ! Je vois qu'inviolable n'est pas
plus compris qu'honneur : *Louis XVI* à l'échafaud, *Napoléon*

à l'île Sainte-Hélène, *Louis XVIII* à son retour à Gand, *Charles X* s'embarquant à Cherbourg, étaient inviolables. Pourquoi ont-ils été détrônés, chassés? Parce que, direz-vous, quoique les rois règnent, mais ne gouvernent, ils n'en sont pas moins responsables des fautes qu'ils ont faites ou laissées faire : inviolable est donc synonyme de responsable ; malgré tout mon discernement, je ne comprends cet imbroglio politique ; si le roi règne, il ne gouverne, et il n'en doit pas moins supporter toutes les bévues que feront ou qu'ont faites ses agents. S'il ne gouverne, il ne peut régner en aveugle, ou sans tête, puisque vous le rendez responsable de tous les actes qu'il signera, qu'il ne verra ou qu'il ne comprendra, puisqu'il ne gouverne.

Je vois à la tête de votre Charte, le roi commande les forces de terre et de mer, déclare la guerre, fait les traités de paix, d'alliance et de commerce, etc. Si tout cela n'est point gouverner un État, qu'entendez-vous par le mot régner? Enfance politique ! jeux de mots ! Car vous ne vous comprenez vous-même, ou pour mieux dire, vous êtes toujours prêts à sacrifier le mot pour obéir aux circonstances, et l'obliger à vous rendre conséquents avec vous-mêmes. J'aimerais autant que vous missiez en tête de votre Charte :—le roi est inviolable et sacré si....., ou de deux choses l'une, mettez le roi et les ministres sont responsables. Quand vous dites la personne du roi est sacrée, puis vous la compromettez par vos écrits, ou vous attentez à ses jours. Ministres responsables! c'est-à-dire qu'ils ne répondent de rien : car leur compte rendu est toujours si clair, que des argus n'y trouveraient jamais la suppression d'un chiffre. Leur démission leur sert le plus ordinairement de responsabilité.

L'égalité, ce mot vous ne le comprenez pas plus que tous vos autres mots politiques : la vraie égalité n'existe que devant Dieu, et votre égalité politique, je dis politique pour faire en sorte de s'entendre, est aussi impossible que l'égalité morale et physique, celle des fortunes aussi chimérique

que les autres. Que sais-je? que ne faites-vous aussi la part
à l'égalité des souffrances humaines? Vous le voyez, l'égalité
des richesses n'est pas plus admissible que l'égalité des
jouissances, des peines, des malheurs des individus ; pas
plus admissible que la force physique des hommes et l'intelligence surnaturelle des autres.

J'entends par égalité, telle qu'elle est écrite dans votre
Charte, la loi qui doit s'appliquer à tous les délits, quel que
soit l'individu. Devant elle, princes, nobles, riches, gueux,
forts, faibles, courbez vos têtes ; elle ne connaît ni rangs,
ni distinctions, elle frappe et le roi pardonne!!!....

L'égalité devant la loi est la base de toute société légale-
ment constituée ; l'intérêt de la masse passe avant l'honneur
et la dignité d'une personne ; et pourtant c'est devant elle
et en la provoquant, qu'une princesse se battait en Bretagne,
qu'un prince s'emparait de Strasbourg, et tout prétendant
pourrait encore, à l'avenir, nous attaquer : car tout en
échouant il s'écrirait, grâce pour l'un, grâce pour l'autre ;
que dis-je? grâce! non! puisqu'il n'y a pas eu de condam-
nation ; mais il pourrait s'écrier : moi comme les autres, je
dois, par mon rang et la dignité de ma personne, être au-
dessus de l'égalité, par conséquent au-dessus de la loi ; sa
voix vous fera trembler, ou vous soufflera à tous l'impunité.

Je regarde la loi, par conséquent l'égalité, au-dessus du
roi : il ne peut empêcher son exécution ; l'impunité est la
chute certaine de toute société ; la religion de même est
encore au-dessus du roi, car il ne lui est pas permis par une
ordonnance de l'abolir. En résumé, la loi et la religion
doivent donc être au-dessus de toute royauté : l'une est sa
couronne, l'autre son soutien ; l'une domine et l'autre est
dominée par elle.

Reprenons ce mot chéri, l'égalité ; eh ! tout le monde vise
à un apanage ; le notaire, l'avoué, l'agent de change, etc.,
veulent des priviléges, et qui plus est, des domestiques à
livrée ; tâchent, par leur faste, de singer nos princes, et par

leur fortune se croire leurs égaux. Egalité! Ils visent tous à ce beau ruban, symbole de l'honneur du guerrier courageux et désintéressé, toujours prêt à exposer ses jours pour défendre le faible, et non la récompense de la soif des richesses par des procédés plus ou moins équivoques; et je ne pense point que notre dépravation soit arrivée à reconnaître la fortune seule honorable! Honorée oui! Que de gens qui vous entourent, en ont besoin pour vivre ; mais seule honorable! jamais! car la vie de l'homme doit passer avant elle, ce qui fit dire à nos ancêtres :

Bonne renommée vaut mieux que ceinture dorée.

Le haut de la tête du parti industriel, non content de ses richesses, veut de la noblesse pour apanage; mais il sait le refuser cet apanage aux princes, crainte qu'avec lui, ils ne s'élèvent au-dessus d'eux. Et pourtant on ne peut être prince que de naissance, et être prince sans répandre des bienfaits, sans couvrir ses pas de prodigalités ; sans palais somptueux où le luxe et l'or brillent de toutes parts. sans une luxurieuse somptuosité de table d'hôte, rendez-vous de l'élite de la nation ; sans richesses, qu'il jette à pleines mains aux personnes qui l'entourent; sans pauvres, qui racontent journellement sa bonté et sa charité; sans voyages, où il verse aux indigents des sommes sans les compter : que dis-je? l'avare n'est point un prince: prince veut dire, grandeur, richesse, prodigalité, plus pauvre au bout de l'année que son moindre domestique : et ce n'est qu'à ce prix qu'il est honoré, aimé, considéré, vénéré, respecté. Eh bien! si ce même prince venait pour répondre à ce faste de grandeur qui impose à la masse, et l'oblige au respect; si, dis-je, il venait demander, à ce même parti si avide d'honneur, un apanage pour soutenir sa naissance, son rang, son éclat, que lui répondriez-vous? Vous le mettriez à la disposition de tous ces journalistes qui sonneraient la charge, qui répandraient l'alarme, et qui ne lâcheraient prise, qu'ils n'aient emporté le morceau. Encore s'ils disaient la vérité, on les verrait toujours s'écrier, nous seuls, nous avons le privilège d'être journalistes, moyennant notre cautionnement, nous seuls, avons la liberté de la presse pour apanage ; et un prince a l'audace de demander un privilége, un apanage ! mais il ne sait donc point que l'égalité doit passer avant tout. D'ailleurs qu'il fasse comme nous, qu'il gagne sa fortune par son industrie ou qu'il occupe une place s'il a de l'intelligence ; mais qu'il ne prétende point que le peuple soit obligé de le nourrir de la sueur de ses travaux : aigrissez-le, excitez-le, révoltez-le contre son prince, comme si cette classe ouvrière payait seule cette prodigalité, comme si son entière dépense n'était destinée à lui faire son bonheur. Plus il y a de richesses en haut et plus la classe ouvrière est aisée et heureuse ; exemple, l'Angleterre.

Hélas ! une fois pour toutes, quand parlerez-vous le vrai sens des mots et direz-vous la vérité des choses ? Ce qui nous mène à parler de la liberté. Au nom de l'honneur on se tue, au nom de l'égalité on s'égorge, au nom de liberté on s'assassine, et au nom de la loi chacun rentre dans ses droits ! !

L'honnête homme laborieux, qui travaille pour subvenir à ses besoins et aux charges que nécessite l'organisation de notre société, ne devient-il point, quoique esclave de son temps qui lui est précieux, homme indépendant, par conséquent enfant de la liberté ? Protégé par la loi et ses économies placées sous sa garantie, ne doit-il point crier dans son transport de satisfaction, voyant son bien-être assuré, augmenté chaque jour : vive la liberté sous la loi ! Mais l'homme riche qui dissipe son patrimoine, ou l'ouvrier paresseux qui dépense au-delà de ce qu'il gagne, obligé de travailler pour ne point mourir de faim, crie à la tyrannie, se prétend dupe de cette société qui doit nourrir ses enfants ; se heurte contre cette organisation sociale qui veut que tous travaillent, s'entr'aident et se secourent les uns les autres ; celui-ci, dis-

je, n'y voit qu'esclavage, que tyrannie, et crie à tue-tête :
vive la liberté sur la loi! Celui qui a tout perdu, ou qui n'a
rien et qui ne veut travailler pour acquérir, ne se croira
libre qu'au-dessus de la loi, pouvant prendre impunément
dans la poche de son voisin, pour satisfaire toutes ses passions : que dis-je passions? c'est trop d'honneur ; mais bien
toutes ses sales, basses et honteuses dépravations. Celui-là
pour les satisfaire, le sang de son semblable ne le fera re-
culer : car quelle est la route la plus courte pour arriver au
fanatisme et de là au crime? C'est de prendre celle de l'ignorance, de la paresse ou celle des passions les plus dépravées.

La nation où tout le monde travaille est une nation
pleine de mœurs, aimant sa tranquillité, exempte de crimes,
donnant à chaque instant des leçons d'humanité, compatis-
sante au malheur, vertueuse par inclination, respectueuse
pour son chef, orgueilleuse de ses institutions, fière de son
sol et brave à sa défense; sans ambition, ne troublant le
repos d'aucune nation, et ses ennemis, sûrs de l'union de
tous ses enfants, la *regardent* comme invincible.

Heureux les peuples dont les habitudes ont passé pro-
gressivement en lois, lois qui deviennent par le temps du-
quel elles dérivent, immuables! Heureux! oui heureux les
peuples qui aiment, adorent, chérissent, respectent leurs
institutions : ceux-ci sont dignes de la liberté, et l'on peut
leur entendre crier sans crainte : vive la liberté! parce qu'ils
la comprennent, parce qu'ils savent toujours que leur
charte l'a régie et que pour eux la liberté c'est vive la loi!
Mais chez les peuples qui ne sont stables ni en institution et
religion, par conséquent sans vénération pour les choses qui
ont existé avant eux, qui s'enthousiasment d'un mot quelconque, et l'emploient selon leur caprice et passion, qui se
méprennent tellement, que le mot lui-même représente l'in-
verse de ce qu'il devrait exprimer : ainsi, liberté pour eux
sera synonyme d'esclavage ou tyrannie ; égalité voudra dire

qu'il n'y aura que faveur, honneur pour le parti prédomi-
nant, etc., etc., Babel politique ! Babel des mots ! Babel des
choses ! Oh ! pour ceux-ci toujours le cri de liberté sera un
cri d'alarme, parce qu'ils ne la comprennent ou qu'ils ne
la veulent que pour satisfaire leurs ambitions et leurs passions, et non pour l'intérêt de la patrie.

Quant à la justice rendue de nos jours, qui ne s'affligerait,
lorsqu'on voit que sous le nom de circonstances atténuantes
qu'on a prodiguées avec une telle largesse, qu'elles tendent
non-seulement à éluder la force de la loi ; mais encore à
l'envahir, l'atténuer, l'affaiblir à un tel point, que de là il
n'y a plus qu'un pas à une parfaite impunité ?

Quelle est la base de la société ? Qui la gouverne, et la
soutient, n'est-ce point la stricte exécution de la loi ? Qui
prévient le crime ? La morale et la religion, qui l'arrête dans
ses complots ? C'est le Code pénal qui, semblable à l'épée de
Damoclès est prêt à frapper le criminel partout où il le ren-
contre. Mais qui l'enhardit, qui le pousse au crime ? L'impunité ou les circonstances atténuantes.

Dès notre jeunesse, tout en nous enseignant la morale et
la religion, on devrait aussi nous enseigner les lois de ce
Code pénal, qui devrait, dis-je, faire partie de notre édu-
cation ; l'homme saurait du moins le châtiment qui lui est
réservé, s'il sortait des principes qui lui ont été enseignés.

Outre les causes atténuantes, la prison comme peine infamante, devient plus indulgente. Nos prisonniers sont mieux
logés, mieux vêtus, mieux chauffés, mieux soignés et même
on leur porte plus d'intérêt, que l'honnête et malheureux
père de famille qui travaille pour nourrir ses enfants, sacrifie
pour eux, forces et santé, se prive du strict nécessaire par
dévouement paternel, et meurt courbé sous le poids de la
fatigue : eh bien ! pour cet honnête homme, point de pitié,
qu'il meure ou qu'il vive, il n'est criminel, il n'a point de
droits à vos bienfaits ; mais votre philanthropie s'attendrira
jusqu'aux pleurs, et comblera de ses faveurs, en vidant

sans regret, votre bourse, pour ce vaurien, être parasite et paresseux qui s'essaie à faire de l'égalité par le vol et le meurtre. Répétons ce vieux proverbe :

Excès en tout est nuisible.

Cette prison, comme peine infamante, ne doit-elle point être en horreur à tous les honnêtes gens ? Eh bien ! on la prodigue tellement qu'elle ne sera bientôt plus qu'une dérision. Mettez amende sur amende, doublez-les, triplez-les, pour toutes les petites peines, mais n'emprisonnez point. Ainsi pour le garde national, qui aura manqué son service doublez les amendes à un point tel, qu'on pourrait faire monter dix soldats de la troupe de ligne en sa place ; mai ne l'emprisonnez point comme un criminel ; de même pour le boulanger, boucher, épicier, etc., qui vendent à faux poids, doublez-les et triplez-les ces amendes, et s'ils sont incorrigibles, faites fermer leurs boutiques, mais ne les mettez point en prison. Tromper, abuser de la confiance d'une personne, est une duperie qui mérite un châtiment plus ou moins sévère, et non la prison.

Il en est de même pour l'homme de lettres, que vous condamnez pour ses ouvrages ; après sa prison, il rentre dans la société avec les mêmes honneurs, distinctions et dignités qu'avant sa peine, et même ça le fait passer souvent aux yeux de la masse, pour un héros martyr, qui s'est sacrifié pour elle. *Voltaire* à la Bastille, *Diderot* à Vincennes, *Bérenger* à Sainte-Pélagie, loin de porter atteinte à leur réputation littéraire, elle n'a fait que briller d'une auréole de gloire, plus resplendissante qu'avant ; loin de comprimer leur génie, elle leur a donné une plus grande impulsion ;

Car aux yeux de nous tous, génie emprisonné,
Renaît plus glorieux une fois déchaîné.

Quant aux délits pour vol avec récidive et ceux qui entraînent la flétrissure, les individus qui en sont coupables, ne peuvent ni ne doivent rentrer dans la société ; il leur faut pour eux un *Botany-Bey* qui les exclut pour la vie de leur pays; plus d'espoir du retour, l'adieu éternel que l'on fait à sa patrie, devient pour certain, une peine plus accablante que les châtiments et souffrances physiques qu'endurent les galériens, avec espérance de revoir le sol qui les a vus naître.

N'est-ce point dans l'intérêt de l'humanité et de notre civilisation, que la vie des honnêtes gens ne soit plus compromise par le galérien échappé ou libéré? De deux choses l'une; ou les lois nous doivent protection contre les malfaiteurs, défendre le faible contre le fort, le pauvre contre le riche, l'honnête homme contre le criminel; ou nous abandonner et nous laisser sous le poignard de l'assassin. Que de gens qui vivraient encore! si des galériens échappés ou libérés ne fussent point sortis des lieux où ils étaient renfermés. Hésiteriez-vous un seul instant, entre la privation éternelle de leur liberté et la vie d'un honnête homme? La société pourrait-elle impunément se rendre complice d'un pareil attentat? Car qu'est-ce qui est le plus coupable de celui qui laisse commettre la récidive d'un meurtre et qui pouvait l'empêcher, ou du meurtrier lui-même? Ne doit-elle point au bon citoyen une plus ample protection qu'au criminel? N'a-t-elle point à se reprocher tous ces vols et assassinats qui se commettent. Elle n'ignore point que dans des cœurs aussi dépravés, le sincère repentir ne peut y entrer, et quelle responsabilité ne prend-elle point, une fois leur peine expirée, à les mêler pêle-mêle avec les autres citoyens? Vous politiques! qui aimez à copier les Anglais, que ne faites-vous comme eux? soyez philanthropes pour les bons, compatissants pour les malheureux, et sévères pour les criminels.

FIN.

LES MONTROUGIENNES,

EN TROIS CHANTS.

CHANT PREMIER.

**Grand concile des Jésuites tenu à Montrouge après la
révolution de juillet 1830, dans lequel ils décidèrent,
vu les circonstances critiques, leur dissolution et leur
déguisement, afin de s'emparer de toutes les places du
gouvernement : apparition de saint Ignace, leurs statuts, leur dispersion : où les hommes du jour devenus
jésuites politiques.**

Il est un mont, sud-ouest de Paris *,
Béatisé par la gente jésuite ;
Au grand renom, par leur triste mérite :
Gens odieux, et de nos rois proscrits,
Bannis, chassés, poursuivis, interdits,
Sont nulle part, ils sont en tous pays.
En politique, à tout l'on se conforme,
Pour revenir, mais sous une autre forme.
Ève, dit-on, ne put séduire Adam,
Quand son désir, reconnu par Satan,
Apprit bientôt qu'elle voulait sa pomme ;
De ce cher fruit sans cesse s'occupant,
Pour les tenter, tromper Ève et son homme,
En vint à bout sous l'aspect d'un serpent.

Ne combattez votre adversaire en face,
Disait l'un d'eux, imitez saint Ignace ;

* Montrouge.

Brusquez jamais bon ou mauvais avis,
N'oubliez point de dire..... je séduis!
Méfiez-vous d'un peu trop d'éloquence,
Un mot souvent, dit avec imprudence,
Va tout à coup dévoiler vos projets :
Etudiez donc, de votre homme, les traits,
Gestes et regards, vous saurez ses secrets.

Jouez, riez avec l'adolescence,
Flattez-la bien, soyez leurs confidents,
A ses défauts paraissez indulgents :
Cachez-lui bien le poids de votre empire,
Ne l'abordez qu'avec un doux sourire.
Ces traits trompeurs, de la séduction,
Mis à l'abri par la religion,
Cachant son but, elle vous voit sans crainte,
Et de vos coups elle ignore l'atteinte.
Puis convertie on lui prend tout son bien,
Pour sauver l'âme un peu d'argent n'est rien.
Au dieu vengeur! frères, laissez-la croire
Même du Christ qu'elle en est le soutien ;
De tels bienfaits on bénira la gloire ;
Frères en Dieu ne croient assurément
Que notre père agirait autrement.

De vos vertus, nous devons tout attendre,
D'aussi beaux traits sont loin de me surprendre:
Au temps qui court laissons de tels moyens,
Frères sur tout! il faut bien nous entendre,
Et du pouvoir, nous serons souverains.
Écoutez-bien ma vieille expérience,
Dit le vieillard d'un ton de bienveillance,
Dans l'art trompeur mes cheveux ont blanchi,
Pour notre cause entendez ma prière,
Marchons toujours d'un esprit réfléchi :
Du siècle impie éteignons la lumière,

Allons au but, souples de caractère;
Quittons l'habit pour faire un autre état,
Et le meilleur, serait d'être avocat.
Les écrivains se feront journalistes,
Blasphémeront tous nos congréganistes,
Justifieront, du roi l'assassinat;
Républicains et tantôt royalistes,
Feront un jeu de leur opinion,
De tous décrets, la contradiction.

Roi, princes, pairs, députés, chefs de France,
Seront soumis à l'inquisition.

Mais l'avocat, sur tous par déférence,
Homme à babil, fort de sa conscience,
Aura de droit, l'empire du pays :
Qui peut remplir, des ministres la place ?
Distribuer de cet argent la masse?
En conserver sans être compromis,
En regorger, et le tout sans profits:
Ça n'était dû qu'à l'avocasserie,
Purger l'état de toute escroquerie.

Frères en Dieu! reconnaissez le roi,
Jurez serment, mais que pour votre emploi.
Servir le chef, c'est bien servir la France;
Si le roi règne, il ne gouverne pas,
Des courtisans, il n'a que l'embarras.
Le diadème en jeu de l'éloquence,
D'un Démosthène ou bien d'un Cicéron,
Dans le combat ira de tête en tête;
Heureux celui digne de sa conquête,
De notre France, il sera le patron.

Grand brouhaha! nous avons l'espérance,
Frères, dit l'un, d'être un jour roi de France.

Nous consentons à tout déguisement,
Nous mettons bas la grande et large robe,
Chapeau tricorne et notre garde-robe,
Qui coûte moins, c'est de prêter serment :
On fera droit à notre beau mérite,
Nous crierons tous, en bas, en bas, jésuite!!!
Soldats, jurés, électeurs, députés,
Magistrats, pairs, ministres appointés.
Ciel ! trois habits dans la même journée,
Appointement, voilà le vrai plaisir,
La bonne foi, du cumul ajournée,
Caméléon, selon notre désir.

Tel Jupiter de l'Olympe, grand maître,
Ne prit-il point pour ses amusements,
Ou ses désirs, divers déguisements ?
Le roi des dieux, en bête osa paraître,
Il fut coucou pour sa belle Junon,
Pour femme Alcmène il fût Amphitryon,
En vrai taureau, bondissant pour Europe,
Puis en satyre, enlevant son Antiope,
Feu pour Egine, en cygne pour Léda,
D'Io, l'amant, serpent pour Proserpine,
De bête ou dieu, de tout il s'accommoda,
Fêtons-le donc, de l'art c'est la doctrine.

Chaque pouvoir, prenons habits nouveaux,
Et des premiers, soyons porte-drapeaux.
En politique, il faut un peu d'audace,
Caresser l'homme, à qui l'on prend la place ;
S'apitoyer sur son malheureux sort,
Vous éloigner, le pouvoir a grand tort.
N'étiez-vous point, un homme indispensable,
Sage et modeste et toujours abordable?
Puis dites bien, je vois avec douleur,

Que le pouvoir fait acte de rigueur,
Je vous remplace, oui ! mais à contre-cœur.

On court, dit-on, malgré tout à sa perte,
Près de l'abîme on ne se déconcerte;
L'homme puissant n'en croit qu'à sa raison,
Conseil pour lui, serait une leçon.
Des grands malheurs, on ne prévoit la suite,
On voit trop tard, les maux de sa conduite.

Ne vit-on point cet illustre empereur,
Le roi des rois, de l'Europe le maître,
D'un tel génie impossible à renaître?
Trône éclatant, si fier de sa splendeur ?
Ou du roi Charle, à la charte intraitable,
Affrontant tout, ne suis-je inviolable?
Je suis sacré, ne suis-je donc pas roi?
Mon conseil seul, au peuple responsable,
Marchons toujours, mais enfreignons la loi,
D'un coup d'Etat, nous sauverons la France,
Et serai roi, que par une ordonnance.
Et l'un et l'autre atteints, par le malheur,
Vont à l'exil expier leur erreur,
Dans tout pays dans un autre hémisphère,
Chercher la mort sur la terre étrangère?
Grandeur déçue et deux hommes punis,
Peuvent encor désoler le pays.

Le préjugé, ce grand mal implacable,
Et l'intérêt qu'on nomme opinion,
Sèment chez eux cette désunion,
Voyez ce peuple, il est déraisonnable,
Il fait lui seul, la révolution,
De nos palais la démolition.
Ce grand fracas arrêtant sa furie,
Content, joyeux de sa forfanterie,

Choisit un chef, qu'à ses vœux complaisant,
A le servir, fasse le chien couchant.

Puis à grands cris, veut-il qu'on le gouverne?
Un roi, dit il, sera notre salut :
Chef de nos maux, par nous à la lanterne,
Ou rendez-nous, roi, charte, notre but !
Telle la mer par un grain révoltée,
En soulevant ses flots impétueux,
Renverse tout par l'obstacle irritée,
Revient bientôt, calme de dangereux.
Tel l'ouragan planant sur un village,
Porte l'effroi, dans tout le voisinage,
La foudre gronde, éclate avec fracas :
Le tourbillon, roule par badinage,
Ces tas poudreux amassés sous ses pas,
Lance à son tour, un nuage grisâtre,
Qui, vomissant ses globules glacés,
Détruisent tout, les champs sont dévastés :
Sur ce néant, cette couche blanchâtre,
Un seul rayon, de cet astre de feu,
Porte avec lui, dans les cœurs, l'espérance,
Du mal au bien, du ciel ce n'est qu'un jeu,
Le mal de l'un, pour l'autre est l'abondance.

Frère Sans-cœur, du conseil président,
Ne veux, dit-il, lever cette assemblée,
Sans vous parler de ce peuple un instant :
Il faut régner, est chose bien bâclée;
Pour ça paraître, homme d'esprit, de cœur,
Homme à talent, surtout grand orateur :
Parler beaucoup, pour ne jamais rien dire,
Aux yeux du peuple, être un pauvre martyre,
J'ai tout perdu, prodigué tout mon bien,
Maisons, palais, il ne me reste rien.

Que de l'honneur ! le peuple son empire.
Je n'ai plus d'or, vous êtes souverain,
Ma voix vous reste et saura vous défendre,
Parlez toujours, exercez le babil,
Criez, tonnez! qu'on ne puisse s'entendre,
Non, non ! jamais! vous l'en ferez descendre;
Ce bras saura détourner le péril :
Par ces grands mots, riches de notre gloire,
Nous jouirons des fruits de sa victoire;
Partagerons les places entre nous,
Argent! honneur! oh! nous en aurons tous.
Jurés de droit, nous aurons la justice,
Et la ferons selon notre caprice,
Sévérité ! pour nos grands ennemis;
Mais indulgents que pour nos bons amis,
Toujours pour eux, causes atténuantes,
Les prendrait-on même en flagrants délits :
C'est notre droit, c'est la loi du pays,
De recourir aux causes indulgentes.

Le député, l'aurore du pouvoir,
En le flattant, peut devenir ministre,
Saura de nous, comment on administre?
Comment on règne et de l'art le savoir.

Dissimulons et refusons la place,
Ne perdons point la popularité,
Route au pouvoir, constamment efficace.
Puis l'avez-vous ? sans faire volte-face,
Être ministre, oh! c'est calamité,
Oui, si j'y tiens, ce n'est que pour la France,
Sujet fidèle, aux ordres de mon roi,
Tant qu'il voudra, je garde mon emploi !!
Une disgrâce est toujours une offense,
Jamais ne manque à notre récompense.

A dire vrai! ministre! quel malheur !
Point de repos , c'est un lit de douleur.
Des ennemis , vous avez le supplice,
Ou des amis, supportez le caprice.
Réprimandé par les hommes de cœur,
Ou repoussé par pure jalousie.,
On prend la place et l'on vous remercie :
Les poings liés par l'opposition ,
D'un sot calcul, ne vous donne raison.

N'attendez point, que contre vous la masse ,
Ne vous oblige à la démission ,
Je n'en veux plus, je veux qu'on me remplace ,
Et ne suis point par les voix , culbuté :
Ce noble trait, prôné par l'éloquence,
Nous fait l'ami de la majorité ;
Car de la place, on ne perd l'espérance.
Un jour chassé., lendemain gracié.
Tel un enfant boudant sa tendre mère,
Croit la maudire étant trop châtié;
Lui tend les bras, oubliant sa colère,
Ce qu'on chérit , la haine est passagère.
Frères en dieu, nous allons donc régner?
Si du pouvoir, pouvons le regagner,
Vous écrivains, rédacteurs journalistes,
Enseignez bien la contradiction ,
Frondeurs un jour, un autre apologistes.
Semez surtout cette division :
Car elle seule, agrandit notre empire.
Toujours tyrans de votre opinion,
Auriez-vous tort , devez avoir raison?
La masse écoute, et par votre délire,
Croit du pouvoir que contre elle il conspire.
Quoi! dites vous, vous n'êtes point content
Que ce grand peuple apporte son argent ,

Vous l'insultez et poussez votre rage,
A l'enchaîner par un dur esclavage.
Si l'on lui prend le gain de ses sueurs,
Tâchez au moins de ressuyer ses pleurs.

Toujours la plume, habile à la défense
De tous ses droits, combattra son offense :
Elle dira du pouvoir les secrets,
Et de vous tous, prendra les intérêts.
Matin au soir et par l'art et la science,
Dévoilera, de l'État, les abus.
De tous pays les puritains exclus,
Des employés, leur petite vengeance,
De leur bureau l'incroyable insolence.
Nouvel argus, de nos lois, le gardien,
Débrouille tout et le mal et le bien :
Sait chez le roi, les ministres, les princes,
Chez les préfets, dans toutes les provinces,
Tous les desseins de nos représentants,
Le nombre exact ; de tous nos mécontents.
Aux curieux, on invente une histoire,
Qu'à raconter chacun s'empressera,
Conte sur conte et sur fable on dira :
Elle est si vraie ; oh ! vous pouvez m'en croire!
De la révolte à la dernière foire :
La force armée avec l'autorité,
Ont parcouru toute cette cité.
Oh ! barbarie ! à jeter tant d'alarmes
Pour repousser tout un peuple sans armes ;
Peuple perdu, peuple tyrannisé,
Resterez-vous abattu, divisé ?
Le lendemain, après tant de vacarmes,
Moniteur dit : c'est un fait supposé.
L'impression aux lecteurs en est faite,
Et le grand nombre augmente la recette.

Six jours après , ce même rédacteur
Dit le contraire en apprenant son erreur.
Si quelquefois on ne savait que dire ,
Point de nouvelle , et ne pouvant médire ,
Pour satisfaire au désir des lecteurs ,
Vous chercherez , du peuple , les malheurs.
Inventerez , bête extraordinaire ;
Un fait certain , avons l'itinéraire ;
Et le départ de ce bel animal ,
Qui vient , dit-on , du grand cercle polaire.
On cite un nom pour témoin oculaire ,
Dressant sur lieux ledit procès-verbal ;
Frères, voilà ce que c'est qu'un journal !

Comme on allait en venir au suffrage ,
Soudain parut , sur un léger nuage ,
Un saint de l'ordre , un grand généralat ,
Tous à genoux reçurent le primat.
Chacun tout haut fit une humble prière ,
Bénissant Dieu , de ce révérend père :
Trois *oremus* et des *alleluia* ,
Pater , *ave* , cantique et *gloria*.
Vit-on jamais dans un tel monastère ,
De l'onction , un plus grand brouhaha ?

Mes chers enfants , je suis ce saint Ignace
De Loyola , dit-il , d'un ton bonace :
J'étais jadis page de Ferdinand ,
Puis militaire , enfin bon révérend.

En quatre mots mon histoire abrégée ,
Je défendis , Pampelune assiégée ,
Et par mes soins elle fut dégagée ;
Terrible assaut ! parmi les plus fameux ,
Victorieux , j'eus deux jambes cassées ,
Et glorieux d'en rester tout boiteux.

Un tel début fit taire mes pensées,
Quand j'eusse été le chef d'un régiment,
Faire la guerre à mon propre dépens,
D'un général connaître la puissance,
Ou bien mourir d'une sotte ordonnance :
Changeai soudain ma situation,
Édifié de ma religion
Sanctifié par une vision,
Créai votre ordre, ami du monastère,
Priant son Dieu d'un jeûne moins austère ;
De notre temps peu pour la piété
Jamais assez pour la postérité.
Notre secret est d'envahir la terre,
Battre les rois, sans déclarer la guerre.
Tous ces projets, gardés par nos cerveaux,
Par cent détours, conduits avec prudence,
Font à bas bruits, toute notre puissance.
La gloire aux grands, la flatterie aux sots,
A l'homme instruit, faire de l'innocence,
C'est, selon moi, faire de l'à-propos.

Tel l'animal, par instinct pour sa vie,
Fait des zigzags, va, revient sur ses pas,
Par tous ses sauts, évite le trépas :
Bête à la bête, en trompant son envie,
De son embûche elle reste ébahie.

La politique et la religion
Ont l'une et l'autre, aimé leur passion ;
Toutes les deux, cruelles en vengeance,
Ont de leurs coups, désolé notre France :
Toutes les deux, leur Saint-Barthélemi ;
Toutes les deux, du sang ont fait parade,
Toutes les deux ont voulu leur croisade.
Notre ordre seul, de la France est l'ami,
Et par vos mains, pour qu'il soit raffermi,

Au général toujours obéissance,
Sujets soumis, rampez sous sa puissance.
Adresez-lui tous les honneurs d'un Saint,
Voir, lui parler, mais qu'avec révérence;
Mêmes statuts, *sint ut sunt aut non sint.*
Que de notre ordre, amène le désordre;
Mais son désordre entraînerait notre ordre.

Changez d'habits, mais respectez mes lois,
Travaillez tous, chacun à vos emplois.
Le général, ayant la surveillance,
Peut vous bannir, lançant une ordonnance;
Mes chers enfants! soyez-lui donc soumis,
Car par lui seul, vous êtes tous régis.

Les assistants, chefs du conseil suprême,
Les vice-rois de leur localité
Sur le monarque auront priorité,
Comme soutien de ce beau diadème.

Pour observer ce conseil de grandeur,
Reconnaissez le père admoniteur,
Mieux appelé le père rapporteur:
Mes chers enfants! quelle place sublime,
De caresser, de tromper sa victime!
Aimons l'idée évangéliquement,
Elle conduit, au Ciel, directement.

Provinciaux, gouverneurs de provinces,
De tous pays, ils en seront les princes;
Ils nommeront ministres, procureurs,
Préfets, régents, consulteurs, confesseurs;
Prédicateurs, officiers, professeurs,
Et de vous tous, seront admoniteurs,

Vous ne pourrez quitter la compagnie,
Sans encourir, par provinciliat,

Le châtiment de ce crime apostat,
Qui marque au front, le sceau de l'infamie.

Tous du novice, écoliers approuvés,
Par vœux secrets qu'ils soient donc élevés,
Et des régents, pourront prendre la place,
Bien assuré de leur grâce efficace.
Pour ça deux ans, preuve de chasteté,
D'obéissance et vœux de pauvreté :
Fort de l'épreuve, apprennent poésie,
L'écriture sainte et la théologie ;
La rhetorique et méditation,
Philosophie, exercice mystique,
En même temps, histoire évangélique :
On les oblige à la confession,
Des sacrements la fréquentation,
Deux fois par jour, examen ascétique :
Jeune novice abordant ces essais,
Peut de notre ordre accomplir les projets
Pour l'éprouver, eh ! lâchez-lui la bride ;
Libre de lui, bientôt il se déride.
Frère éprouvé, second noviciat,
On doit l'admettre, après ce résultat.
Pour son début, lui donner un village ;
A la cité faire la mission,
Pour s'exercer à la locution,
Et de la chaire apprendre le langage.

Viennent après, frères coadjuteurs,
Mieux appelés, les frères travailleurs ;
Spirituels, ils emploient cette vie,
Pour le bonheur de notre compagnie.
Des rois, des grands, ce sont les confesseurs,
Des passions souvent les pourvoyeurs,
A tous leurs vœux, prêtent leur assistance,
Moins de moral, convoitent leur puissance.

D'une beauté, soufflant projets d'amour,
Ils se sont vus être princes de cour.
N'en vîtes-vous devenir roi de France,
Faire la guerre en habit de prélats,
Faire un roi pat (1), gouverner ses états?
Toujours fidels à notre sainte cause,
Entre nous tous partagent les honneurs,
Et surtout l'or, comme bons serviteurs;
De nos trésors c'est la plus forte dose.

Frères profès, du quatrième vœu,
Seuls de leur ordre, ils sauront son aveu,
Tous ses secrets et sa correspondance;
Chefs de Jésus, francs d'hérédité,
Feront serments à notre papauté
Comme sujets de sa toute-puissance.

Viennent enfin, les frères temporels,
Coadjuteurs, aux travaux manuels,
Frères de l'ordre et bons frères de peine;
Point de repos, d'office et de neuvaine,
Travaille, prie, est la foi du métier,
L'on monte au ciel, quoique étant cordonnier.
Ce sont les lois, chers frères, que j'ai faites,
Dit saint Ignace, et je les crois parfaites.

En ma présence; oui, prêtez le serment
A nos statuts, fidel attachement.
Je permets tout, peu m'importe la place;
Briguez, brillez, pensez à saint Ignace.
Mes chers enfants! fidèles, je vous crois,
Dignes de moi, dignes de notre race:

---

(1) Terme du jeu d'échec, quand le roi ne peut plus bouger
sans être pris.

Fit pour adieu, le signe de la croix.
A l'instant même on n'en vit plus de trace.
Tel à nos yeux, un éclair apparaît,
Puis aussitôt, aux regards disparaît.
Tous regardaient, croyant aux rêveries ;
D'autres disaient: je l'ai vu, c'est bien lui :
Même un nuage, il avait pour appui.

Rendons hommage, entonnons litanies,
Des *gloria* ; chantons *magnificat*,
Pater, *ave*, psaumes de pénitence.
Honneur! honneur! au grand généralat!
Nous a du ciel, implorés sa présence.
Oui, c'est bien lui, son esprit et sa voix,
Sa grande robe et sa petite croix.
Nous bénissant de sa grâce efficace,
Nous parviendrons, aidés de saint Ignace.
Jurons, prêtons, le serment à nos lois.
Bruit effroyable! on ne pouvait s'entendre ;
Tour de Babel, à ne point se comprendre.

Le président, tout béatifié,
Et de son Saint encore édifié,
N'osait, tremblant censeur, prendre le rôle.
Croyant toujours l'avoir sur son épaule.
« Frères, dit-il, revenu de l'effroi,
« Vous l'avez-vu! ce père de la foi ;
« Ce protecteur, digne inventeur de l'ordre,
« Permettre tout, excepté le désordre.
« Vivons chacun en parfaite union,
« De l'un à l'autre, on se rendra service,
« Le plus rusé poussera le novice,
« Excitera sa noble ambition.
« Allez! partez! au travail bon courage,
« Nous reprendrons du peuple le pouvoir,

« Un frère ira, près du trône s'asseoir :
« Destin le veut, du moins c'est mon présage,
« Recevez tous ma bénédiction;
« De chaque tête il fit l'aspersion,
« En leur disant : je vous bénis, mon frère,
« Et que cette eau, pour vous, soit salutaire;
« Tel est le vœu du bon révérend père. »

FIN DU CHANT PREMIER.

OBSERVATIONS

SUR LE CHANT PREMIER.

Tous les partis, qui ont voulu dominer en France ont eu leurs abus et leurs crimes ; tous, ont régné les uns après les autres depuis le haut jusqu'en bas. Tous, le pouvoir en main ont été despotiques. On a crié contre le despotisme du pouvoir absolu ; je ne sais ce que nos journalistes entendent par ce mot. Pouvoir absolu, pour moi, c'est la domination d'un parti sur tous les autres. Il a donc existé et existera en tout temps. N'avons-nous pas vu successivement en France, pouvoirs absolus, royal, nobiliaire, clérical, militaire, populaire, industriel. Tous, ont eu leur règne et tous ont laissé des traces de leur crime et de leur grandeur, car tout parti qui règne ne tendant qu'à s'enrichir, finit par s'emparer de la fortune du sol du pays ; de là la révolte des autres partis, ne pouvant plus supporter un plus long despotisme.

Chaque parti, qu'a-t-il fait de toutes ses richesses ? Les rois ont fait des palais et des palais qui tiennent du merveilleux ; les nobles, en vrais châtelains, ont fait des châteaux-forts pour dominer les villes qui leur appartenaient ; les prêtres (il faut y comprendre aussi tous les rois-prêtres qui ont régné), ont bâti des églises, églises qui ne les cèdent point, en splendeur, à tous les monuments du monde : nous ne ferons, nous, jamais ce qu'ils ont fait, et s'ils sont encore debout, ces monuments, ils nous prouvent quelles étaient la puissance et la richesse de ce parti.

Une seule de ces églises anciennes, Notre-Dame, par exemple, semble aujourd'hui mettre en défi, non-seulement tous nos monuments modernes; mais encore tous nos architectes du jour qui n'ont d'autre génie qu'à copier les Grecs ou les Romains ; les militaires ont élevé des arcs-de-triomphe et des monuments en l'honneur des batailles gagnées. Le bicêtre militaire des invalides n'est-il point là pour nous montrer la puissance de ce parti ; enfin le parti populaire ou prolétaire, n'ayant eu qu'une durée éphémère, il n'a pu nous laisser des traces de sa splendeur. Ça toujours été un parti à énergie.; mais qui a toujours eu à lutter avec des gens plus forts que lui, en richesse et en intelligence : en un mot c'est le parti des dupes, car en tout temps, on l'a employé, ou il s'est employé sans s'en douter, à faire triompher un parti quelconque. Pour avoir, il faut déjà posséder, afin de ne point avoir l'air de fouiller dans la poche de son voisin. Il faut prendre, mais encore faut-il prendre sous des formes honnêtes ! De lui, un seul monument nous est resté : la guillotine ! ! !

L'histoire ancienne et moderne nous prouve que ce parti est susceptible des plus belles actions, comme des plus grands crimes, selon comme il se trouve inspiré; mais qu'il tend toujours à *dégénérer* en despotisme militaire. Enfin le parti industriel ou patenté ou le parti du jour, tient l'intermédiaire entre le parti populaire et tous les autres partis. Il possède déjà presque à lui seul, non-seulement le numéraire de la France; mais encore ses richesses territoriales qui se trouvent presque partout considérablement morcelées ; celui-ci ne voudra pour monuments, que des canaux, de bonnes routes, des chemins de fer, de l'argent, surtout, et il prendra pour axiome : notre intérêt avant tout; puis il vous dira comme les autres disaient, mon intérêt c'est l'intérêt général.

Leur loi d'expropriation finira par tourner en abus, par devenir la loi la plus immorale que parti n'ait faite; car

ne confondons pas les mots, l'intérêt d'une compagnie n'est
point l'intérêt général ; le privilège du commerce d'une seule
ville n'est point encore l'intérêt général : pour ça, il faudrait
que presque en même temps des chemins de fer sillonnassent
sur tout le sol de la France, avec embranchement pour
toutes les villes, pour qu'il y eût réellement intérêt général.
Nous avons sous nos yeux l'abus de cette loi : pensez-vous
que le chemin de Saint-Germain, ou les deux autres chemins qui vont conduire à Versailles ; pensez-vous, dis-je, vu
leur mesquine utilité, que ce n'est point une véritable mys-
tification pour les propriétaires que la loi a expropriés?
Vous me direz, on les a indemnisés. Vous, industriels qui
ne pouvez croire qu'on puisse tenir à autre chose qu'à l'argent, l'indemnité c'est votre justice ; mais pour celui qui
tient à sa propriété, comme venant de famille, ou faite par
lui, ne la donnerait pour le triple de sa valeur, est obligé de
vous la céder, pour contenter, non un but d'utilité générale,
mais bien un caprice, un essai ou une spéculation. Que sais-je!
au train qu'on y va, on pourra vous exproprier pour embel-
lir les propriétés de vos voisins, qui seront portées au triple
de leur valeur par l'entière destruction de la vôtre : on appelle ça faire de l'industrie. Qui pourrait mettre obstacle à
sa propagation ; la loi est là, avec elle nous renverserons,
monuments antiques, seraient-ils grecs, romains, même
égyptiens ; les églises, que dis-je? nous passerons dans les
cimetières, nous culbuterons les morts ; nous ferions plus si
l'intérêt général le réclamait ; nous prendrions pour embar-
cadère, les Tuileries ou le Louvre ; qui peut s'y opposer? la
loi est pour tout le monde et n'entend point de spécialité.

On ne peut refuser à ce parti, le bienfait et l'aisance qu'il
répand sur la masse ; il fait plus, il tend à l'enrichir et à l'é-
clairer, par conséquent, à le faire triompher un jour ;
quelle plus belle et plus douce pente à la république ! que
de moraliser le peuple par l'instruction, de lui donner l'habitude des économies par les caisses d'épargnes, et de l'atta-

cher au sol par le morcellement à l'infini des propriétés ! ce
ne sera qu'à ce prix, qu'il pourra par le désir, qu'il aura
de conserver ce bien amassé avec tant de peines, reconnaître que ce mot république est un gouvernement régi par
un seul (roi, consul, empereur), comme vous voudrez l'ap-
peler, qui veut l'exécution pleine et entière de la loi ; l'égalité devant elle, et la liberté sous elle. Ainsi l'égalité devant
la loi c'est la république ; la liberté fille de la loi, c'est la république ; je dirai plus, quand Louis XVIII nous octroya
sa charte, c'était une république. Le combat des électeurs
avec Charles X, c'était encore la république ; Louis-Philippe
avec la charte, c'est la république : parce que j'entends par
ce mot l'égalité devant la loi ; et non comme l'entendent tous
ces forcenés et tyrans politiques qui crient à gorge déployée,
la loi c'est nous, l'égalité c'est nous, la liberté c'est encore
nous. Que ne dites-vous la vie, les propriétés, les richesses
de tout le monde vous appartiennent, puisqu'elles dépendent
de la loi, et que la loi c'est vous !

La république romaine était cent fois plus arbitraire et
plus tyrannique que notre gouvernement du jour ; n'avait-
elle point ses esclaves pour lesquels il n'y avait ni égalité,
ni liberté ; condamnés à travailler toute leur vie, sans espoir d'être affranchis : elle était plus exécrable que tous nos
gouvernements absolus du jour.

Le parti industriel, essence des républiques, succombera
par la guerre ; oui, la guerre sera pour lui ses Fourches
Caudines : victorieux, il faudra qu'il se ploie sous le despotisme militaire, ou battu il en appellera au parti populaire.

En temps de paix, courbé sous le poids des grades et honneurs, il criera tant qu'il aura de forces, arrière haute, cou-
rageuse et puissante noblesse ! c'est la haute banque qui vous
remplace ; arrière nobles chevaliers, ce sont les marchands,
avocats, etc. ; arrière intrépides, désintéressés défenseurs de
la patrie, ce sont les gardes nationaux qui vous remplacent.

C'est donc toujours la même marche que les autres partis : n'a-t-il point fait de la haute aristocratie dans ses députés? de la noblesse dans ses électeurs ? des satellites dans sa garde nationale ?

Encore quelques années d'existence, oh alors! possédant toutes les richesses, il y aura luxe et arrogance ; leur mise et leur suite seront aussi brillantes que celles des princes ; leurs maisons singeront les palais, et leurs boutiques grimaceront avec les salons, en un mot tout le parti industriel se revêtira d'une noble allure.

Je fais cette remarque, parce que jamais parti n'a plus crié contre la sotte étiquette des rois, l'impudence de la noblesse et la hauteur du clergé. S'il a combattu l'arbitraire, il a prêché l'égalité et le mépris des honneurs.

Que de billevesées n'ont-ils point débitées, tous ces libéraux ? et toutes soi-disant basées sur la philosophie, et même c'est avec elles, qu'ils ont habitué le peuple à se croire l'égal de son roi ou de ses supérieurs, et à le détourner du respect qu'il doit leur porter : il est vrai que nous sommes tous hommes ; mais il en est de supérieurs et par leur intelligence et par leur position sociale.

Peuple, leur disiez-vous, tu ne vois donc point que le roi et tes chefs ne sont que des hommes comme toi, et que s'ils te fascinent les yeux, par l'éclat de leur grandeur, ce n'est que pour mieux te plonger dans l'esclavage? De bête brute, tu ne seras homme, et homme libre, que quand tu auras assez d'audace pour passer devant le roi, ou devant des nobles, ou des prêtres sans les saluer, ce ne sera qu'alors que tu seras leur égal.

Philosophes, politiques, faites-moi l'application de tous ces sophismes, seulement dans le parti militaire, vous verrez ce que deviendront et l'armée et la société.

Si vous admettez l'indispensable discipline chez le militaire, si pour le maintenir, il faut faire abnégation de votre philosophie et de vos sophismes : je vous dirai qu'il en sera de même pour le peuple, il faudra qu'il soit maintenu non-seulement par les lois, mais encore lui inspirer de la vénération envers leurs supérieurs.

Je vous vois forcés avec moi, de reconnaître la supériorité de quelques hommes composant notre société, et une fois reconnue, nous devons l'admirer, lui rendre hommage et la respecter pour les services qu'elle peut lui rendre. Prenons un exemple.—L'homme le plus dévoué à la société, renonçant à tous les plaisirs de cette vie, pour ne s'occuper qu'à enseigner une saine morale et rappeler le peuple à son devoir ; ne recevant d'elle que bien juste pour ne pas mourir de faim ; n'ayant d'autres perspectives pour les services qu'il lui rendra, que d'être hué, bafoué, ridiculisé ; n'ambitionnant rang, honneur et fortune, voué à toutes les privations, ne songeant qu'au bonheur de chacun, pour tant de sacrifices, quel respect lui portez-vous? Pourquoi l'avez-vous tant dénigré aux yeux du peuple? Qu'a-t-il fait? vous qui parlez de liberté, est-ce parce qu'il est homme à conviction? ou est-ce parce qu'il est faible, sans défense, que vous l'attaquez? Vous n'ignorez point qu'il ne peut entrer en lice avec vous ! Vous citez bien les défauts de l'individualité, mais jamais les vertus de la masse ; vous citez bien quelques abus, mais jamais les services qu'il vous a rendus ; vous citez bien la faiblesse des passions de quelques-uns, mais jamais leur inébranlable résignation à tous désirs humains ; vous citez bien, ou pour mieux dire, vous exploitez leurs vices quand vous les découvrez, mais jamais vous ne parlez avec emphase de leurs vertus. Non, non ! vous ne citez point non plus ce courage, faisant abnégation de lui-même, à remplir ses devoirs les plus périlleux et les plus dégoûtants ; à respirer l'air insalubre des prisons, à donner des consolations et des soins aux pestiférés, à monter à l'échafaud pour faire entendre au coupable quelques paroles de pardon : dites, dites!

si un seul d'entre eux, ait jamais reculé devant une si pénible mission. Dans les prisons, qui vous console, c'est encore lui, il tend par son aménité et ses principes religieux, à abréger votre captivité ; et c'est cet être qui vous est tant dévoué, qui est prêt à rendre le même service à celui qui l'a le plus injurié, le plus décrié ; c'est lui, dis-je, qui à vos yeux n'est qu'un être abject, égoïste, ridicule, plus à plaindre dans sa croyance qu'à blâmer. Et vous appelez ça de la haute philosophie : mais moi qui aime à nommer les choses par leur nom, j'appelle ça de l'animalité en démence.

Autant, j'ai de vénération, pour l'homme-prêtre aimant à remplir ses devoirs, autant j'éprouve de répugnance pour l'homme du monastère. C'est le mal à côté du bien. L'un prêche l'intolérance, l'autre la tolérance, l'un la domination, l'autre l'égalité ; l'un est avide de richesse, l'autre est fort de sa grande humilité ; l'un est égoïste, ne reconnaît de frère que dans son ordre, l'autre chérissant la morale de l'évangile, tous les hommes amis ou ennemis sont ses frères ; l'un vit en dehors de la société, l'autre ne vit que pour elle : c'est l'ange tutélaire vivant au milieu de ce monde indisciplinable ; enfin l'un est en dehors des vrais principes religieux, revêtant le masque de l'hypocrisie ; tandis que l'autre se renferme dans ses vrais principes, se prive du superflu, quelquefois du strict nécessaire, son dernier sou destiné pour le pauvre. Riche de son influence, il ne l'emploie qu'à obliger le puissant à soulager l'humanité souffrante. Et voilà l'homme que nos philosophes ont poursuivi comme l'être le plus nuisible aux développements de l'intelligence du peuple, en le fascinant, comme ils disent, que de choses futiles et stupides.

.. Hélas ! pourquoi faut-il qu'un bienfait de source divine, qui fait le bonheur de la masse, tourne en crime, exploité par les hommes dont les idées dévergondées, s'enthousiasment pour les excès sans réfléchir jusqu'où peuvent mener ces mêmes excès. Qui connaît le cœur humain, saura que l'excès du mal peut tourner en bienfait, de même l'excès du bien en crime.

Du bonheur parfait à la passion, il n'y a qu'un pas, et de la passion au fanatisme, c'est le torrent qui vous entraîne, que nul obstacle humain ne peut surmonter. L'appât du gain, l'ambition des honneurs, la sotte prétention de vouloir s'élever au-dessus de son intelligence, la soif de commander les hommes et les désirs du cœur qu'on ne peut satisfaire, sont des voies sur lesquelles on marche rapidement à la passion, au fanatisme, et de là, au crime.

La politique et la religion poussées à l'excès n'engendrent-elles point des passions, et pour les satisfaire, n'appellent-elles point à leur secours le fanatisme? Et lui à son tour, craint-il de commettre des crimes? A ce degré de perturbation, on n'est point surpris de voir un cœur plein de bonté, d'humanité, de tendresse pour les âmes souffrantes, plein d'amour pour son prochain, aimant par besoin, désintéressé jusqu'à l'abnégation de lui-même; cœur rempli des plus beaux sentiments, dirigé par une âme susceptible des plus belles et des plus hautes actions, n'ayant de mémoire, oubliant ses bienfaits du jour, que pour pardonner à ses plus grands ennemis, voler à leur secours, car avant tout ils sont hommes! cette âme, si grande, si noble, si généreuse, ce cœur si riche en bonté, tendresse et humanité: que deviennent-ils, quand ils sont remplacés par la passion ou le fanatisme? Oh alors! l'homme ne tarde point, à quitter tous ses sentiments d'aménité qui faisaient l'ornement et le bonheur de notre société; à s'écrier, poussé par le feu de son âme et la rage de son cœur, à s'écrier, fort de la perturbation de ses idées : celui qui est contre moi est ennemi, qui est ennemi est coupable, et qui est coupable à mes yeux mérite la mort. Les femmes, les enfants, que dis-je? même l'innocence au berceau, ont beau crier grâce! son cœur ne peut fléchir.

Sous Charles IX, le parti clérical, fort de son pouvoir

absolu, voulut anéantir les hommes qui, séparés de notre religion, par une secte plus ou moins raisonnable, pensaient être dans la voie de la vérité : c'étaient deux camps d'ennemis jurés, le plus fort jura la perte du plus faible : le roi lui-même oubliant, qu'avant tout, il était roi des deux camps, tira sur son peuple, et nous eûmes enfin les horreurs de ce saint Barthélemi.

On tua, ou du moins (car l'intention dans le crime est aussi coupable que le résultat) on voulut faire périr toute cette secte dans la même journée.

En politique de même, quand le parti populaire, passionné, fanatisé, eut le pouvoir, il tua ce qui était contre lui, roi, reine, enfants, nobles, prêtres, enfin tous les riches. Il battit monnaie, pendit à la lanterne ; inventa comme moyens plus expéditifs, la guillotine, qu'il nous a laissée comme trophée de son règne ; enfin il recourut aux noyades et au massacre général. L'une et l'autre dans leur apogée de domination, ont fait des croisades : l'une envoya des armées conquérir la Terre Sainte ; l'autre pour conquérir l'Égypte.

Aujourd'hui, je le dis en passant, le parti industriel se donne aussi des airs de croisades qui amèneront tôt ou tard le même résultat que les autres : une guerre continentale mettra fin à tous ces exercices et amusements guerriers.

En résumé, en France, dans un laps de temps très court, on a tâté de tout, depuis le haut jusqu'en bas ; en avez-vous été plus heureux et plus tranquille ? Et pourtant vous avez encore l'audace de dire aux autres peuples, faites comme nous ? Nous vous avons montré, leur dites-vous, l'art de faire et d'abattre les trônes ? et même pour prime à la rebellion, vous leur dites aussi : tout peuple qui se révoltera sera mis au nombre de nos alliés et comptera sur aide et protection de notre part !

Vous avez eu soin de couvrir tout ça de cette philosophie politique qui défend l'esclavage, veut l'égalité et permet de prendre dans la poche de son voisin pour satisfaire ses besoins matériels, ou le dévergondage de toutes les passions les plus effrénées, que le cœur humain le plus vicié, le plus désordonné, puisse enfanter.

Voyez les Espagnols, ne leur avez-vous point dit? vous êtes des imbéciles avec votre révolution; vous ne savez ce que vous voulez; vous respectez votre *reine*, votre *don Carlos*, vos nobles, vos prêtres; vous avez encore de l'amour pour tout ça; même pour vos anciennes et vicieuses institutions; vous n'y arriverez point, ce n'est point ainsi que se fait une révolution, et qu'on culbute un pays. Faites comme nous! tuez-les tous, prenez tous leurs biens, et elle sera finie! On voit bien que dans l'art de bouleverser un royaume, vous n'êtes encore qu'un peuple en enfance; et pourtant vous avez un exemple devant vous. Quatre-vingt-treize devrait vous servir de guide, avec lui la route s'aplanirait pour parvenir à la souveraineté du peuple; et chez vous, vous seriez alors le peuple le plus grand de la terre; et dans votre extase, vous pourriez aussi vous écrier comme nous, la liberté fera le tour du monde!!!

FIN.

CHANT DEUXIÈME.

Banquet national donné le 23 décembre 1837 à la barrière du Maine chez le sieur GODARD, marchand de vins traiteur; annonce du banquet par BOISDUR, tambour; prédiction de sa mort par BLANVILIN, médecin; sa résurrection; enfin la description de ce fameux repas qui fut donné moyennant trois francs par tête.

On hésitait, si par une missive,
Communiquée à tous nos habitants
Leur rapeller qu'une fois tous les ans,
Qu'au doux pouvoir, faut sa prérogative!
On convint donc, que notre autorité,
D'un ton mielleux avec urbanité,
Qu'elle enverrait une humble circulaire,
Qui de beaux mots, en flattant l'invité,
Il n'oserait, au refus s'y soustraire:
Dont le croquis « Oh! pour moi quel beau jour!
« Un grand banquet par vous, chers camarades
« Va se donner: doux baisers, accolades,
« Fraternité! Dieu! quel heureux retour!
« Vous chanterez du pays notre amour;
« Vous oublîrez, entre nous tous, les haines :
« Plus de soucis, encore moins de peines,
« Nous permettrons et les ris et les jeux,
« Chanson grivoise et contes impudiques
« Bonne aventure et succès érotiques.
« Pour un écu, ce n'est dispendieux,

« Vous jouirez de la bonne journée.
« Vous serez sûr d'une belle union ;
« Ne manquez point cette réunion :
« Car bonne chère il vous sera donnée ;
« On fêtera le célèbre Bacchus,
« Cet inventeur de ce doux et bon jus,
« Accourez donc, et par votre présence,
« Honorerez, mon invitation ;
« Oui croyez bien, j'en aurai souvenance,
« Et de ce don, vive reconnaissance :
« Salut sujet de prédilection. »
Bravos ! bravos ! les assistants s'écrient !
Grand magistrat d'un si noble talent,
Dont vous venez de prouver à l'instant,
Permettez-nous que tous vous remercient.

Boisdur ! Boisdur ! cher tambour complaisant,
Boisdur ! viens donc ! quoi ! mon maire, présent !!!
Hâte-toi vite et porte la missive,
Aux habitants de cet heureux séjour,
Auxquels je porte un paternel amour ;
Ils entendront ma voix persuasive,
Toujours vouée à leur bonne union ;
Cours donc, tambour ! c'est pour un gueuleton.

La renommée apprit bientôt l'affaire,
Le devançant, faisait son commentaire,
Aux perruquiers, épiciers et portiers,
Qu'à tout savoir ne sont pas les derniers.

Avant de voir, fleur amoureuse et belle
Nous annoncer une saison nouvelle ;
Le papillon, dès le premier beau jour,
Vient du printemps, présager le retour ;
Ou bien l'oiseau par des chants d'allégresse
Redit déjà son amour, sa tendresse,

A sa compagne exploite une faveur,
Croyant hâter l'époque du bonheur.

Même au village, on apprend la nouvelle,
Des coups donnés, bien avant la querelle.
Même l'on sut, par la voix du caquet,
Avant le chef, le jour de ce banquet.

Notre tambour si fier de sa missive,
Mais dont la soif ne put rester captive,
Ne fit qu'un saut, du maire au cabaret,
Et de Boisdur, lui vint le sobriquet :
Buvant, jasant, relevant sa moustache,
Pour mieux parler, tousse, retousse et crache :
Versez à boire et vais, par ce papier,
Vous raconter nouvelles du quartier.
Apportez donc du vin en abondance,
Nous chanterons du maire la clémence,
Son grand esprit et surtout son décret
Qui veut que tous soient de ce grand banquet.
A nos santés ! je mets toute ma gloire
A colporter ce beau réquisitoire.

Eh ! mais j'ai soif ! versez-moi donc à boire,
Ce bon *Boisdur* de ce vin en prit tant :
Par des zig-zags, du levant au couchant,
Ses pieds traçaient traits de géométrie,
Tête baissée et ses deux bras ballants,
Bouche béante, œil à la rêverie,
Parlant tout seul, bravant les éléments,
Fit voir à tous ce qu'est l'ivrognerie.

Un bon plaisant lui plaqua sur le dos,
Un grand placard en forme d'à-propos :
Où l'on lisait : « samedi bacchanale,
« Ou grand banquet, garde nationale,
« Pardonnez-moi, si devançant vos vœux,
« D'un coup de trop, je me prête à vos jeux ;

« Votre Boisdur, qui ne boit pas pour rire,
« Vous le voyez, dans son fréquent délire.

Le monde arrive, et du petit au grand,
S'empressent tous, ne sachant l'accident.
Sur chaque porte on voit des sentinelles,
L'air effrayé, demander des nouvelles ;
La foule abonde, on court de toute part,
Chacun veut lire un si plaisant placard :
Un nouveau mode, une affiche ambulante,
Dans la cité peut jeter l'épouvante.
Les habitants du grand hameau voisin,
Se consultaient pour sonner le tocsin.

L'oisiveté, de la femme elle est née,
Pour elle seule, on perd la matinée,
Reste du temps, cherchant à tout savoir,
L'heure a sonné, résonne sans s'asseoir :

Dame *Babil*, dans la foule avancée,
Ne pensant plus à Zéphyr petit chien,
Par un rustaud eut la patte cassée ;
Cris de douleur! ciel c'était mon seul bien ;
Mon cher amour ! mon bon ange! ma vie !
Rompant la foule, en pleurs elle s'écrie!
Viens, mon chéri! viens chez ton chirurgien.
Tel accident excite la colère,
Gente femelle entoure l'assassin ;
On jure, on frappe, on venge le carlin,
Combat s'engage, on court au commissaire,
Voyant, dit-on, telle rébellion ;
Crut que c'était la révolution :
La force armée accourt avec le maire ;
Mais par prudence on reste spectateurs,
Faut point heurter la gente mal coiffée,
Car après tout, ne blessons point les mœurs,
Nous aurions tous la figure griffée.

De la sagesse, amis, en vendrait-on,
A tout le monde à trois sous le litron,
Qu'on n'en voudrait? chacun a sa manie,
L'on est content qu'esclave a son envie.
Babit, son chien, et *Boisdur* pour son vin,
Sont, pour tous deux, un terrible destin.

Le lendemain, tambour fier de son grade,
Reprit habit, shako, grande parade.
A chacun d'eux, donna le doux billet
Qui les priait d'accepter le bienfait:
Je me fâchais, ne sachant le secret,
Pensant toujours à ce billet de garde!
De mon fauteuil, de le voir, j'en frémis,
De son ton bref, son salut militaire,
M'avertissant qu'enfin je suis requis,
Que dans trois jours, serai factionnaire.

Le corps-de-garde est un charmant séjour,
Prison pour l'un, ou liberté d'amour,
Ciel! qu'ai-je fait? laissons le calembour,
Et reprenons le banquet au plus vite,
Laissant *Boisdur* ainsi que la guérite.

Pour un village, un tel et grand repas
Donne à ses chefs un cruel embarras;
Six délégués, à la tête le maire,
A droite, à gauche, aller à la barrière,
Aller chez tous s'installer en jury,
Sans leur déplaire et d'un air attendri,
Nous savons tous que la cuisine est bonne,
Mais il nous faut un espace heptagone,
Table plus grande et puis trois cents couverts:
Excusez-nous, mon cher, de ce revers.

Trottant, crottés pendant une semaine,
Prirent pour lieux, la barrière *du Maine*,

Pour cuisinier le célèbre *Godard*
Marchand de vin, tout près du boulevard.
« Cher camarade, avons, par préférence,
Reprit le maire « opiné pour ta science.
« Honneur à l'art! honneur au beau ta'ent!
« Honneur à l'homme! honneur au restaurant!
Il n'est merveille une lieue à la ronde
Que de Godard! où le beau monde abonde.
En résumé de ce petit discours,
« De toi, mon cher, implorons le secours.
« D'un grand dîner pour trois cents Spartiates,
« Et que tes gens, cuisiniers, marmitons,
« Pour ce grand jour changés en dieux pénates,
« Quittent enfin tabliers et torchons,
« Le blanc bonnet et la petite veste,
« En habits noirs beaux comme phaéton,
« Souliers, bas bleus; car je tiens au bon ton.
« Fort peu de plats, surtout rien d'indigeste.
« La soupe et bœuf, pour rôti le gigot,
« Quant aux poissons, ni saumon, ni turbot.
« *Godard* reprit, il faut pour ravigote,
« Entre deux plats, la fine matelote;
« Et né pouvez sans rompre l'unisson,
« N'offrir, radix, beurre frais, cornichon :
« Même au rôti, la sauce à l'échalotte.
« Pour les gourmets, pour les grands amateurs,
« D'huile et moutarde, ils feront rémoulade;
« Puis vient après, le bon plat de salade. »
Mille détails donnés par les traiteurs.

Parlons un peu du jus de cette treille,
Faut que chaque homme, aie au mo ns sa bouteille,
Non de Bordeaux, Macon ou Chambertin,
Mais de *Suresne*, ou *Clamart* le bon vin.
Joli clairet !!.... que tu te laisses boire!
Quand je t'ai bu, ma langue en rôtissoire,

Fais que soudain., étant tout altéré.,
Sans en vouloir, je bois bon gré mal gré.
De ce bon jus , reconnais la puissance,
Mais de son goût, permets-m'en l ignorance.
J'ai pour vous seuls., quelque chose de mieux,
Vin cacheté du pays de Bagneux.
Godard! Godard! quelle douce surprise!
Je suis sensible à cette friandise.

« Parle-moi donc, aussi de ce dessert,
« Qui de la table est le plus beau couvert :
« Qu'on rie ou jase, ou qu'on boive et raisonne,
« Parlerait-on d'amour de sa mignonne,
« Cet abandon fait de mal à personne.
« Voyons, *Godard!*..... =Je donnerai cinq plats,
« Pommes, pruneaux, noix, galette et fromage :
« C'est le dessert de nos grands potentats;
« Aussi, Messieurs , je vous en fais hommage.
Tant de bontés, nous en sommes confus,
Reprirent-ils, tous ces bons commissaires,
Pauvres d'argent, quoique propriétaires.
Qu'au moins, mon cher, nous soyons par-dessus,
De bête ou d'homme , un écu chaque tête ,
Pour un dîner c'est un prix bien honnête.
Vaut-il pas mieux servir trois cents soldats ,
Et travailler, même que pour la gloire,
Et que ton nom soit inscrit dans l'histoire,
Qu'à t'enrichir, à servir des goujats.
Faut donc , Messieurs , payer la bien-venue ,
Vous régaler sans nulle retenue,
Payez au moins, petits verres, café;
N'en parlons plus, c'est dit, c'est paraphé.

« Ce bon *Godard*, il a l'esprit d'un ange,
« Aussi partout, chanterai sa louange.»

On le caresse, on lui serre la main,
Oh ! quel beau jour ! que le jour d'un festin !
Égalité ! le frère voit son frère,
Le gros bourgeois voit gros négociant,
Propriétaire, ouvrier ou marchand,
Tous tête à tête à la table du maire ;
D'un tel accord, d'une telle union,
Qu'on se croirait, vraiment près de la veille,
De ce grand jour, si puissant en merveille.
Fraternité ! jour de l'élection
Fraternité ! comment es-tu régie ?
Quel intérêt, force l'homme hautain,
A l'électeur de présenter sa main ;
Le saluer, le traiter en prochain,
Bureau fermé, le voir avec dédain.
Fraternité ! n'es-tu que de magie ?
Qu'un sot orgueil de cette liberté,
Qui crie à tous, voyant son impuissance,
Fraternité . . . . . Mort ou l'égalité ! . . .
Sous son égide, on vit dans l'espérance :
Car l'honnête homme, au gueux est déloyal,
Est-il richard ! son or est illégal :
Crime prévu par la Convention,
Qu'à l'homme riche on ne fera pardon ;
Même on a dit, du haut de la tribune,
Il n'est que riche, aux dépens de ces gueux,
Gagnant leur pain, par leurs bras vigoureux,
Manquant de tout, même du nécessaire,
Tandis que l'autre est las de bonne chère.
Quittons soudain la révolution,
Et revenons à la réunion :
Laissons le crime et reprenons la joie.

Dès le matin l'habitant se nettoie ;
Déjà la foule abonde aux perruquiers

Tous empressés de raser nos guerriers,
Ne dirent mot, la presse est un obstacle,
Pouvoir le vaincre est le plus grand miracle :
Proverbe sait, qu'un perruquier rasant,
Doit avant tout, travailler en jasant.
Dire nouvelle à sa bonne pratique,
De son état, n'est-ce point politique?
D'un air posé, grave comme un Caton,
Frotte et refrotte, et son eau par sa mousse ;
Couvre bientôt, nazeaux, bouche et menton :
Maître de vous, sort l'arme de sa trousse,
Vous prend le nez, puis il vous le retrousse,
Abat d'un coup, barbe, croûte et bouton ;
Pour s'assurer si votre rasoir coupe,
Ou vous écorche, en essayant sa coupe :
Tire les poils, leurs doigts tendent la peau ;
Leur escabelle est comme un échafaud ;
Soufflant à peine et restant immobile,
Le patient, bon gré malgré docile,
Livre sa tête à leur cruelle faux,
En vous rasant, conte des bagatelles,
De l'avant-veille il redit les nouvelles;
Par son babil, il abrège nos maux.

Quel jour heureux! Zoé plus prévenante,
Donne à l'époux les soins d'une servante;
Le blanc gilet, pantalon et l'habit,
Sont déployés sur le devant du lit.
A l'amour seul, oui rien n'est impossible,
Souliers cirés ; à tout elle est flexible.
D'une voix douce elle dit mon chéri !
Époux, amant, mon bien, mon seul Henri !
De ce banquet je partage ta joie ;
Là, je suis sûr de ta fidélité.
Le bon mari, voyant tant de bonté,
Les yeux ouverts, frappés de cécité,

5

Promet déjà le beau châle de soie.
Zoé répond : cadeau n'est point amour,
Je t'aime tant, j'aspire à ton retour.
Veux que ton cœur. —Ébahi de sa belle,
Notre badaud dit : je reste avec elle ;
Tant de vertus, de charmes et d'appas,
Valent bien mieux qu'un bon et grand repas.
Tout bichonné des soins de son épouse,
Crut faire un crime en la rendant jalouse.
Bon citoyen, mais sa femme avant tout,
Adieu banquet ! et potage et ragoût :
Mais sa Zoé, qui n'était pas novice,
Ne voulut point d'un si grand sacrifice,
Honneur et grade empêchent ce refus ;
Va, mon chéri . . . . . Dépenser tes écus :
Reviens. . . . . non. . . . . pars, à l'amour sois fidèle.
Il obéit comme un époux modèle.
Content, heureux ; d'elle, il n'est point jaloux,
Et tous les deux vont à leur rendez-vous.

Pour Marguerite, il n'est point jour de fête ;
Enfants, mari, c'est son seul tête à tête.
Dès sa jeunesse, élevée au travail,
Du sot amour ne connaît l'attirail.
Son intérieur, pour elle, est un bien-être,
Aimant son homme, elle veut qu'il soit maître.
Peu de baisers, jamais de guet-apens,
Point de doux mots, l'amour est en dedans.
Puis l'amitié, la compagne du sage ;
Des deux époux éloigne tout orage.
D'un tel bonheur, point de rivalité,
Plaisirs sans fard, plaisirs sans volupté,
Sont à nos sens de plus grande durée,
Qu'un plaisir vif, produit par la pensée.

L'amour du cœur, n'est une passion,
Qu'au temps que l'âme aime l'illusion,

Couvrant d'un voile et nos traits et nos vices,
Charme le cœur par de bien doux délices.
Illusion!..... Doux rêve mensonger!....
Bonheur des sens!... pourquoi te corriger?
C'est de ton sein que naquit l'espérance;
Vertu du cœur, maudissant la licence:
Bonté divine! un mal devient bienfait,
Pour les mortels, l'excès est un forfait!
Si l'espérance est le désir du sage,
L'illusion la tue ou bien l'outrage;
Ce don divin, verse son doux présent
Au grand coupable, ainsi qu'à l'innocent.
Fille du ciel! symbole de sagesse!
De Marguerite, inséparable hôtesse!
Sages désirs! germe du vrai bonheur!
Quand viendrez-vous régner sur chaque cœur?
Pourquoi faut-il qu'un si grand bien abonde,
Qu'on le regrette et que peu n'y réponde?
N'y mêlez point, la folle ambition,
Car de l'espoir, c'est la dérision :
Espérons donc, espérons le possible,
C'est le plaisir de tout être sensible.
Du mal au bien, hélas! ce n'est qu'un pas.
C'est n'être heureux, vouloir ce qu'on n'a pas.
Nos deux époux, prenez-les pour modèle,
Et le bonheur ne vous sera rebelle.

Laissons l'amour, pour honorer Bacchus,
Esprits rêveurs, pensez au dieu Momus,
Le cœur joyeux, point de mélancolie,
Point de chagrin, pour un jour de folie.
Jadis la cloche attirait paroissiens,
A l'*Angelus*, dînaient nos bons chrétiens;
Trois fois par jour, récitant leurs prières,
Imploraient Dieu, de bénir leurs chaumières.

Elle tintait la naissance et la mort,
Elle tintait le dimanche et la fête;
Elle tintait même pour la tempête :
Dis-moi, grand Dieu! ce n'est plus notre accord,
Nous rougissons du bonheur de nos pères
Sans pardonner leurs fautes mensongères.
Si tu nous fais, à nos yeux plus savants,
A la pitié fais-nous moins insolents.

Et pour les morts! notre idée est meilleure,
Car ils puaient! changeons donc leur demeure;
Frères, enfants, pères, mères, époux,
Vous oubliant, ne prîrons plus pour vous :
Près de l'église, ils étaient en famille,
La tendre mère y priait pour sa fille;
Ou bien la fille avant de faire un vœu,
Par sa prière, elle en faisait l'aveu;
Elle implorait le tombeau de sa mère,
Le consultait, si ça pouvait lui plaire.

Quittons le siècle où tous les morts parlaient,
Où les vivants, les yeux ouverts, rêvaient.
Le tambour bat! , ... déjà la nuit s'avance,
Et dans la rue on voit grande affluence :
Le tambour bat! . . . . en citoyens soumis,
Tous empressés de quitter leur taudis.
Point de traînards, enfants de la patrie,
Au grand complet, jour de gloutonnerie.
On quitte tout, ménage, femme, enfant;
On brave tout, et crotte et pluie et vent.
Pour toute enseigne, au haut de la gargote,
Un grand drapeau, de trois couleurs y flotte;
Bien éclairé par quatre lampions,
Faut être grand, dans ces occasions :
Un beau quinquet, lumière d'industrie,
Éclairait seul, la grande galerie.
Trois cents couverts, ciel! quelle barbarie

Aussi nos gens , pressés comme harengs,
Se tenaient tous , les coudes en dedans.

Le président leur imposa silence ;
Chacun sa place, et le repas commence.
Par un signal , tambours battent aux champs ,
Tel chez les grands, pour annoncer un prince ;
C'étaient *Godard!* et tous ses marmitons ,
Marchant au pas , en deux beaux pelotons :
En habits noirs, en bourgeois de province.

L'industriel, aristocrate outré
Des rois , des grands , du blason enivré ;
Et d'humble et pauvre a-t-il de la richesse ?
Peine enrichi , du gain de son état,
Tout glorieux , il veut de la noblesse ;
S'il n'est ministre , il se croit magistrat :
D'un duc et pair rivalise de mise.,
Le comte ou prince ainsi que le commis,
Maître ou valet ont les mêmes habits :
Monsieur se trompe... , on rit de la méprise.
L'industriel, honte ou prévention.,
Ne prend l'habit de sa profession.
Habit brodé n'illustre point son moine,
Prouve l'orgueil et non son patrimoine :
Chacun sa place est un sage dicton ,
Au magistrat, bonnet et grande robe ,
Au cuisinier , le bonnet de coton ;
Car par l'habit l'homme est jamais ignoble.
Fût-il râpé , même déguenillé,
N'attaque point le corps qui n'est souillé.

L'homme de cour est plus enthousiaste ,
Est-il un sot ? il lui faut de l'esprit ,
Jamais n'en manque en prenant son habit ;
Tout cousu d'or, glorieux de son faste.

Laissons cela, revenons sur nos pas,
Parlons enfin de ce fameux repas.
La soupe au pain, la soupe de ménage
Pour nos guerriers, c'eût été faire outrage.
Pâte et bouillon, délicieux potage,
Pâte étoilée arrangée avec art,
Trompe le goût, mais flatte le regard.
Soupe ou potage, on se tait, c'est l'usage,
On n'entend plus que le bruit des cuillers,
Dieu sait! celui de trois cents fusiliers!
Quel beau coup d'œil! serviette en bandoulière,
Paraît souvent, du potage le jus,
Ou bien pompait la boisson de Bacchus.
Ou leur servant d'une grande gouttière,
Au pas rapide, et le jus et le vin
Hâtaient leur chute, attirés par la pente:
Telle on voit l'eau, d'un mont fuir le ravin,
Même le jus, tombe, coule et serpente:
Qui n'a pas vu, croira que je médis,
Bien de nos gens perdirent leurs habits;
Plus d'un gilet et plus d'une culotte
De l'avant-veille, achetés pour bon teint,
Furent déteints du jus de la gargote.
Que de malheurs! pour un repas succinct!
Bœuf, veau, mouton, l'entrée et la sortie,
De forts canards voyez les abatis,
Pour dernier plat, des gros dindons rôtis,
De vos écus telle est la garantie.

Le bon *Boidur*, pendant que l'on servait,
Et que chacun de manger s'occupait,
Mourant de soif, il se désaltérait.
Mourir de soif!... souffrance sans pareille,
D'une gorgée avala sa bouteille;
Pour s'assurer de la bonté du vin,
Huma bientôt celle de son voisin.
Qui ne ressent l'effet de cette treille!!!

A l'imbécile, inspire de l'esprit,
Fait aux savants oublier leur dépit :
A faible dose, il devient stomachique,
A la machine il redonne du ton,
C'est la gaîté mêlée à la raison.
A forte dose, il devient narcotique,
Engourdit tout, et le corps et les sens,
Bientôt après il les laisse mourants.
A ce *Boidur* devint défavorable,
En se levant il fila sous la table,
Sa chaise tombe, on accourt à ce bruit,
Demi-levé, tombe et s'évanouit.
On le crut mort, au moins en léthargie,
On le chatouille, on frappe dans sa main,
Tout vinaigré ne revient à la vie.

Le président ordonne à *Blanvilin*,
Du bataillon le digne médecin,
De mettre en œuvre et son art et sa science,
Son grand talent et son expérience :
Car *Blanvilin* exempt de tout remords,
Ne faillit point en visitant les morts.
Et de *Boidur* vous le tourne et retourne,
Sonde poitrine et palpe l'estomac,
Pour reconnaître où le grand mal séjourne;
Découvre tout, de cet *ab hoc ab hac*.
Premièrement, c'est une maladie,
Qui, malgré moi, fait craindre pour sa vie :
Voyez, dit-il, ces membres engourdis !
Me prouvent bien que tout le crâne est pris.
Sa maladie est l'horrible gastrite,
Par sympathie enfantant méningite,
Cher président, c'est le diagnostic;
Mort s'ensuivra, tel est le prognostic.

Mort de *Boidur* ! quel deuil ! quelle tristesse !
Un tendre ami, cœur rempli de noblesse,

Fit ces beaux vers pour orner son tombeau
« Ci-gît *Boidur* victime d'un fléau,
« Mourant de soif et ne trouvant point d'eau,
« Gorgé de vin, il expira d'ivresse,
« Comme un bon homme il a donc trépassé,
« Vous, bons chrétiens, oubliant le passé
« *Requiescat*, comme vous, *in pace*.

Mais le Français, tel est son caractère,
Il pleure et rit des maux de sa misère :
Car cet ami, déjà le verre en main,
Buvait, trinquait, pour noyer son chagrin.
« Dieu, leur dit-il, en faisant ce bas monde,
« Y mit de l'eau, sans oublier le vin,
« Le sot se noie en s'embarquant sur l'onde,
« Le joyeux meurt en buvant à la ronde.
« S'il faut mourir par le vin ou par l'eau,
« Eh! mourons tous par le jus du tonneau ;
« Puisqu'il faut boire, eh! versez donc à boire,
« Et trinquons tous à *Boidur*, à sa gloire !
« Vivra, boira, buvons à ce refrain,
« Je voudrais boire à même la feuillette :
« Si, comme Dieu, dans un brillant festin,
« Je connaissais l'introuvable recette,
« Manquant de jus, de l'eau faire du vin,
« Tout l'océan et rivières et fleuves
« Seraient par nous à de rudes épreuves.

Pour dernier plat, *Godard* et marmitons
Ont apporté trois énormes dindons,
Le plus dodu va droit aux commissaires,
Car du banquet ce sont les dignitaires.
Ses flancs trompeurs, tel ce cheval de bois
Plein d'ennemis, prit la ville de Trois.
Le fin *Godard* voulut par la surprise,
Renouveler de ces Grecs la méprise :

Ses flancs trompeurs au lieu de fanfarons,
Etaient remplis de beaux et gros marrons.

Le cuisinier qui sait un peu d'histoire,
L'emploie à tout dans son laboratoire :
Vrai cuisinier, tire moins au profit,
Qu'à vous prouver, par un plat, son esprit.
La symétrie, enfant de l'amour-propre,
Effet de l'art, passe avant d'être propre,
Un plat s'essuie avec sale torchon,
L'art ne le voit pensant qu'à l'unisson.
Vertu de l'art, par la sauce, trahie,
Pousse l'honneur à s'arracher la vie (1).
Art culinaire! adoré des gourmets,
J'aime la sauce, au diable tes excès !
Fais ton métier, vis de ton industrie,
Faut-il mourir manquant la symétrie?

Cher cuisinier! eh! vois si les tailleurs
Vont se tuer pour être fins voleurs :
Le médecin ou bien l'apothicaire,
Pour leur malade allant au cimetière;
Le boulanger, boucher ou l'épicier
Se tueront-ils? pour savoir leur métier;
Ou bien la bonne en faisant danser l'anse,
Donner, pour vol, sa tête à la potence :
Mais crois-moi donc, gâte sauce et ragoût,
Et ne meurs point : car c'est perdre le goût.

Ton art, dis-tu, remonte au premier homme;
Car tu prétends, qu'il fit cuire sa pomme;
Et que les Grecs, dans leurs amples foyers,
Plus grands que nous, donnaient de beaux dîners,

---

(1) On a vu un cuisinier se poignarder pour avoir laissé brûler
son rôti.

Ils s'enivraient du bon vin de Corinthe,
Qui valait bien aujourd'hui notre absinthe :
Et que la table amène à la raison,
Vénus, *Amour*, *Hérodote* et *Platon*.
Les Grecs, dis-tu, gourmets, voguaient sur l'onde,
Pour un seul plat faisaient le tour du monde.
De ce grand art ils étaient amateurs,
Appréciaient des sauces les saveurs ;
Mais les Romains *Lucullus* ou Pompée
S'en tenaient-ils qu'à flairer la fumée?
Ce fou d'Antoine, ivre d'un bon dîner,
Donna, joyeux, la ville au cuisinier.
Quel heureux temps ! cuisiniers d'Italie,
Etre seigneurs d'une gastronomie !
Les cuisiniers, de tout ce bon vieux temps,
Etaient des gens remplis de grands talents,
Si les Romains ont rebâti Carthage,
A leur cuisine on leur doit cet ouvrage.

Gastronomie est la reine des grands,
Fait paix ou guerre, entre les rois puissants,
Son vaste empire embrasse terre entière,
Qui vous unit? sa pâte alimentaire.
De notre siècle, avouons ses enfants.,
Cussy, *Carême*, *Avice*, Laguipière,
Noble Archetraste (1)! inventeur de cet art,
Reconnais-les sans oublier *Godard*.

Si ces grands noms excitent ton sourire,
Ils ont donc tous illustré ton empire.
Vous méritez, courageux cuisiniers,
Bravant le feu, couronnes de lauriers :

---

(1) Célèbre cuisinier d'Athènes, qui donna l'élan à la théorie de l'art culinaire et qui l'a appliquée à la pratique.

Le Panthéon, France reconnaissante,
Vous doit de même une place charmante.
L'homme savant, de vivre il a grand tort,
Ingratitude!.... honneur qu'après sa mort.

Ciel quel désert! gâteaux, noix et fromage,
Pommes, pruneaux, pour assouvir leur rage;
Quoique brillant de somptuosité,
Ne flattait point leur belle vanité :
Si les dindons, vrai plat de résistance,
N'ont pu calmer telle voracité;
Un tel dessert, c'est de l'insuffisance ;
Car bien des gens, l'estomac complaisant,
Un seul dîner ne leur est suffisant.

Mais au dessert, des bédaines remplies
Sortent souvent de fort belles saillies :
Les Grecs parlaient, les Romains raisonnaient;
A leur façon ils se réjouissaient.
Mais le Français, bouillant de caractère,
L'esprit malin sort de sa bonne chère ;
Mettons aussi de son vin généreux,
Et qui parfois le rend si malheureux.
Même l'un d'eux, ex-soldat de l'Empire,
Leur dit : messieurs, pour moi voici mon dire.

« Battre la Prusse et reprendre le Rhin,
« Au pas de course aller droit à *Berlin;*
« Sans s'arrêter en si bonne besogne,
« Par un seul saut nous entrons en Pologne,
« Nous assommons, du coup, les Prussiens,
« Des Polonais, nous voilà les soutiens.
« Le lendemain, nous battons la Russie,
« Et sans obstacle, on est à Varsovie :
« Brûlant d'ardeur sans se casser le cou,
« En avant marche!!! et nous avons Moscou.

« Puis revenant, le pire qu'il advienne,

« Prendre la gauche et repasser par Vienne.

« En bon guerrier, glorieux de mon vol,

« Livre bataille et prends tout le Tyrol,

« Me voyez-vous, maître de l'Italie?

« Tout est à moi, la province envahie.

« Il reste donc que la pauvre Madrid,

« Je n'en veux point, c'est la part d'un conscrit.

Bravos! bravos! ô sublime pensée,

Nous vengerons la gloire délaissée :

Jurèrent tous, tenant le verre en main,

Qu'ils reprendront au moins les bords du Rhin.

Un autre dit : « Laissons Mars pour les belles,

« Vainqueurs, vaincus, blessures moins cruelles :

« Chez son voisin pourquoi porter la mort?

« Lui, Prussien, ce peuple a donc grand tort?

« Content d'un roi, pourquoi changer son sort?

« Car chaque peuple, ami de sa coutume,

« La croit de Dieu, l'aime comme un bienfait;

« Se croire heureux, c'est le bonheur parfait!

« L'or ne l'achète et souvent le consume.

« Quand vous aurez *Vienne, Moscou, Berlin*,

« Constantinople et Londres et Pékin;

« Tous les trésors de la machine ronde,

« Faut pour jouir que la vie y réponde;

« Car si par l'or, l'on ne vit plus longtemps,

« Si comme nous, n'avez que vos cinq sens?

« Qu'un estomac? que pauvres jouissances?

« Du riche au gueux, ne sont grandes distances.

« J'aime bien mieux, en joyeux troubadour,

« Dans mes filets, prendre Vénus, Amour,

« Et courtiser et la brune et la blonde,

« Que de les fuir en m'embarquant sur l'onde.

« Tous les trésors, de toutes vos cités,

« Egalent-ils le cœur de nos beautés?

« Que n'ai-je, hélas! secret d'être volage,
« D'aimer souvent et ne faire naufrage,
« De mes succès, mon cœur tout glorieux,
« De tous vos rois, il serait plus heureux.

Tout en parlant d'Amour et de Bellone,
Le bon *Boidur* que la soif déprisonne;
Entre soudain, et quoiqu'en trébuchant,
La main au front, leur dit, Messieurs, présent!!!
Ciel! c'est *Boidur!!*... On l'embrasse, on l'essuie,
Plus d'un Thomas vont lui prendre la main.
« Mais qui t'a pu rappeler à la vie.
Tout furieux: « réponds.... dit *Blanvilin*,
« Tu dois mourir et j'ai prédit ta fin,
« Pousseras-tu, tambour, la médisance,
« A méconnaître et mon art et ma science?
Boidur répond « si trop boire est un tort,
« O doux péché! ma seule jouissance!
« De *Blanvilin* honni soit un tel sort:
« T'obéir, non.... J'ai trop peur de la mort.
« J'ai du courage et ne crains point la guerre;
« Mais avant tout, faut du vin dans mon verre,
« Aux sots, l'amour, aux avares, trésors!
« Et l'heureux boit, doux plaisirs sans remords!
« Versez, versez de ce jus à pleins bords,
« Oui de ce jus, qui fait rire le sage,
« Qui le débauche ou qui le rend volage,
« Qui de l'amour lui trace le chemin,
« Qui nous unit? C'est donc le jus divin.»

Et tous nos gens, par une gaîté folle,
Jurèrent tous, au jus, fidélité,
Que leur *Boidur* le prenant pour boussole,
Serait pour eux, un guide-autorité.
Le repas fait, à boire on recommence;
Ainsi le veut l'usage de la France;

Chaque guerrier, par le vin échauffé,
Se réjouit, en prenant son café.
Puis au billard en faisant sa partie,
Se rafraîchit d'un verre d'eau-de-vie.
Là de la nuit, en jouant tour à tour,
On perd, on gagne, en attendant le jour.
Nuit de l'hiver, point de lune et d'étoiles,
Toute à son aise, elle détend ses voiles,
Nuage ou pluie ou bien l'épais brouillard
Forcent l'aurore, et le jour au retard.
Jour de l'hiver, triste nuit déguisée;
Que venez-vous éclairer la chaussée?
Mais le démon, s'amusant à son tour,
De la journée, empêchait le retour,
Voulait, dit-on, de cette nuit prodigue,
De ma Zoé favoriser l'intrigue.
De Marguerite, ennemi par penchant,
Voulait aussi, prolonger son tourment.

Toute la nuit, la pauvre Marguerite,
N'osait dormir, rêvant de mort subite;
Au coin du feu, tremblante sans appui,
Elle cousait, pour chasser son ennui.
O quelle nuit!.... que cette nuit d'attente!
Dans la tristesse, un rien vous épouvante.
On croit l'entendre: hélas! ce n'est point lui,
Il ne vient point, on pleure, on se tourmente,
L'heure se passe, on prévoit un malheur,
L'âme se trouble, on parle à sa douleur;
L'ombre et la voix, pour comble vous effraient;
Si l'on se tait, le silence et la peur,
Par vision, du fantôme, ils essaient.
On voit sans voir, ou l'on entend sans bruit,
Les sens font place au rêve de l'esprit.
Même le tact n'est exempt de faiblesse,
Il croit sentir la main qui vous caresse,

Ou la douleur d'un coup donné d'aplomb.
Cruels moments! que le temps paraît long!

Mais tous nos gens, joyeux de leur soirée,
Revinrent tous qu'au plein de la journée.
A boire on veille, on chante tout le jour,
Croyant singer tous nos hommes de cour.
D'un seul écu, l'on joue une dizaine,
On gagne, on perd, les fruits d'une semaine:
Mais perdre écus, moindre des accidents,
Qui nous ruine, est de perdre son temps!

Pour le rentier, du jour, sachant que faire,
A son ennui, tâche de s'y soustraire:
Grand égoïste, entraînant l'ouvrier,
Pour s'amuser, puis pour le congédier;
A l'un, l'écu n'est point un sacrifice;
A l'autre; écu tourne à son préjudice.
Peuple! crois-moi, ton temps est précieux,
De ton travail, sois avaricieux.
Chanter et boire, en perdant ta journée,
Calcule bien, que la somme est doublée.
Le temps qui court, sur ses pas ne revient,
Brisant bientôt forces de ta jeunesse,
Rapidement te mène à la vieillesse,
Vois ton profit! La pauvreté survient!!....
Serais-je heureux! Si tu redeviens sage,
Et si tu suis les lois de ce passage.
Par ta fatigue on s'intéresse à toi,
Te voir heureux, c'est un plaisir pour soi.

Mais l'homme riche, ami de ma maxime,
A l'ouvrier, il lui doit une prime,
Qui du travail veut adoucir son sort,
A tout malheur il lui faut du renfort.
Faire du bien à celui qui mérite,
C'est une prime à la bonne conduite.

Soulageons donc, hommes officieux,
Par nos écus, pauvres laborieux.
Pour le bon cœur! oh! quelle jouissance!
Un tel plaisir, ne veut de récompense.
Le vil ingrat, qu'on voit de mauvais œil,
Prouve un bienfait donné que par orgueil.
On est ingrat en rendant un service,
Non par le cœur, mais bien par pur caprice.
En résumé, ne le ruinons pas,
Pour nous donner, un bon et grand repas.
Un seul écu, retiré de sa poche,
Est un écu, que le cœur se reproche,
Amusez-vous, hommes de qualité,
Non, aux dépens de l'humble pauvreté.
Du grand banquet, si j'ai fini ma tâche,
Exténué, qu'au moins je vous relâche.
Je ne dis point le bon soir éternel,
Vous reverrai, charmant industriel.

FIN DU CHANT DEUXIÈME.

OBSERVATIONS

SUR LE CHANT DEUXIÈME.

Le Français, soit vivacité de caractère, soit enthousiasme pour tout ce qui est nouveau, fait abus de tout. Existe-t-il une coutume chez un peuple voisin, qui, par le respect qu'il lui porte, est pour lui un bienfait : il se l'empare ou pour la ridiculiser ou la propager à un tel point, qu'elle tourne chez lui en détriment.

Une chose que vous aimez, voulez-vous la haïr? aimez-la beaucoup, enthousiasmez-vous d'elle, chérissez-la, adorez-la de passion : et vous serez tout étonné de la détester autant que vous l'aurez aimée.

Tel est le Français, il se passionne pour tout ce qu'il admire, et change, bouleverse ses vieilles habitudes, avec la même légèreté, que s'il s'agissait de rejeter un projet tout-à-fait inutile.

Il y a soixante ans, nos pères dînaient à midi, l'*Angelus* annonçait la prière d'usage, qu'on récitait avant ce repas. Les musulmans, plus sévères que nous, en principes religieux, récitent encore leurs prières à la voix de leur iman. Du haut de leur mosquée aux vrais croyants, leur *Angelus* guttural ne se fait jamais entendre en vain, et chaque fidèle, trois fois par jour, s'agenouille et demande la bénédiction du Dieu tout-puissant.

Chez nous le mépris, le ridicule ont passé par-dessus l'usage, et avec lui, ils ont renversé bien d'autres institutions : l'*Angelus* sonne comme pour indiquer une ancienne cou-

6

tume déçue et nous faire voir jusqu'où allait l'ex-faiblesse
de la bonhomie de nos pères ; il ne sonne donc que pour la
forme et non pour l'effet. Qu'est-ce que ça prouve, me direz-vous? Que nos pères priaient plus qu'ils ne travaillaient.
Je vous répondrai aujourd'hui: ceux qui travaillent plus qu'ils
ne prient, en sont-ils plus heureux? en vivent-ils plus longtemps? digèrent-ils plus de sensations dans un temps donné
que nos pères dans leur longue et paisible existence? Pou-
vez-vous leur opposer plus de mœurs, plus d'amour pour
vos institutions, plus de loyauté dans vos rapports entre
vous, plus de stabilité dans vos pensées, plus de respect pour
le chef qui vous gouverne, plus de ces sentiments qui font
battre le cœur nourri de simples et douces passions, et le
font palpiter au seul nom de philanthropie et de générosité
et qui élèvent, ennoblissent l'âme, excitée elle-même par de
hautes et nobles pensées ; enfin plus de patriotisme, de courage civique et plus de désintéressement qu'ils n'ont cessé
de montrer avant le triomphe de cette philosophie, qui a fait
place pour la masse à nos principes religieux; de cette politique faible, mesquine, étroite, tracassière qui a remplacé la
droiture, l'équité, la bonne foi de celle de nos pères. Je vous
vois me jeter en avant l'arbitraire de leurs crimes politiques;
que sont-ce des faits isolés comparativement à cette masse
imbue des pensées les plus subversives de la société et toujours prête à ruer contre cette partie qui ne veut que paix,
bonheur et tranquillité.

Revenons à nos industriels, ne parlons plus de la fruga-
lité et de la simplicité de la table de nos pères ; ne parlons
plus de la cordialité avec laquelle ils recevaient leurs amis,
et de cette hospitalité que tout étranger avait droit de prétendre ; non ne parlons plus de cette table ouverte, mais
bien de cette table qui n'est plus dressée que trois ou quatre
fois par an, couverte d'un luxe et d'une somptuosité tels,
qu'elle hurle toujours avec nos moyens ; l'orgueil, le sot

amour-propre, le faste de l'ostentation sont les premiers in-
vités ; c'est pour eux qu'on se gêne, que dis-je ? qu'on se
ruine pour prouver qu'on est plus riche que son voisin.

Ce ne sont point ses amis qu'on reçoit, ce n'est que pour
satisfaire ce besoin de déployer à leurs yeux, le ridicule de
toutes ces richesses d'ostentation ; qui font place à cet air
ouvert, cette franchise, cette cordialité qui mettaient à leur
aise tous les convives ; pour ne plus voir qu'un air guindé,
qu'un air flegme et grave et un sang-froid imperturbable, les
ris et les grâces gardant la porte : on a l'air de vous dire :
si je vous reçois, c'est que je ne puis faire autrement ; c'est
une redevance à mon amour-propre. A une telle réception,
on y boit et mange peu. Laissons le dîner de la haute industrie, parlons de la petite ; elle aussi veut dîner? Et pourquoi
ne dînerait-elle point, aussi bien que d'autres? plus voisine
de l'indigence, par conséquent plus orgueilleuse, elle prétend mieux dîner et d'une manière plus splendide que nos
potentats. Aussi a-t-elle choisi la table d'hôte, connue sous le
nom de banquet : là l'égalité règne partout, riche ou gueux,
chacun son écot, et tout le monde est content : égalité, at-
tendu qu'il y a économie pour le riche et ruine pour le
pauvre.

Comment vous, ouvriers! vous ne voyez point que le
rentier, en payant pas plus que vous, fait un dîner à vos
propres dépens? Dînerait-il chez lui pour trois francs, aussi
bien qu'à votre banquet? Mais vous! qui avez femme, enfants, qui gagnez quatre ou cinq francs par jour, vous ne vous
appercevez donc pas qu'il vous fait perdre votre journée
pour se donner du plaisir. Ce sont, donc, sept à huit francs
que vous n'auriez point dépensés : plus encore s'il vous
fait passer la nuit à jouer ou à boire, le lendemain vous ne
pouvez travailler. Sans recourir à *Barême*, calculez ce que
vous avez perdu : le rentier gagne son argent en tuant le
temps, et vous, qui vous ruine est de perdre votre temps :
car votre bien-être ne dépend que de vos journées.

6.

Quand enfin s'occupera-t-on de cette classe ouvrière, qui par l'argent qu'elle gagne en France, devrait être non dans une grande aisance, mais faire face à tous ses besoins et même économiser pour les jours d'infortune. Elle ne sera heureuse que quand elle saura qu'elle doit être avare de son temps et qu'elle prendra pour base de conduite : *économie et tempérance.*

Elle mérite qu'on s'en occupe, car elle est, non-seulement l'âme du commerce et le cœur d'un gouvernement; mais encore elle fait la fortune d'un État, par la consommation de nos produits industriels et l'écoulement des autres denrées exotiques qui le met en rapport avec toutes les autres puissances.

Vous gouvernement, vous accordez bien des primes aux riches qui ont des chevaux qui courent ou qui sautent mieux que d'autres, vous récompensez là leur agilité, mais non leur force; pourquoi n'en donneriez-vous point des primes, à l'honnête ouvrier qui, par son travail et sa conduite, a su élever une nombreuse famille, donner des hommes à l'Etat, et qui, par ses économies, a voulu se mettre au-dessus d'être un jour à votre charge?

Je soutiens qu'améliorer le sort des ouvriers, leur faire connaître, comprendre leurs intérêts; c'est diminuer les charges de l'Etat, tout en augmentant son revenu ; je soutiens aussi, que tout ouvrier qui par ses économies, deviendra petit propriétaire, l'Etat pourra plutôt compter sur lui pour rétablir l'ordre public et défendre son territoire, que sur l'homme prolétaire ou puissamment riche.

Aujourd'hui, l'industrie l'occupe pour satisfaire ses besoins; mais aussi que de temps il lui fait perdre et par ses banquets et par sa garde nationale : dans nos campagnes, l'ouvrier est obligé d'être de garde la nuit, le lendemain il ne peut travailler : une autre fois, c'est pour une inspection d'armes, qu'on a grand soin de mettre à l'heure des offices divins; un autre jour, c'est pour garder le conseil de discipline, sans

compter les revues partielles et générales. Dans tous ces dé-
rangements, homme avant tout, soit vanité et orgueil dépense
son argent; faut bien faire se dit-il, comme les autres, et pourquoi faire remarquer. C'est encore bien pis, quand pour plaire
à un chef qui souvent est son maître, il est obligé, par condes-
cendance, d'aller monter sa garde à *Neuilly*: il est prouvé qu'il
perd non-seulement deux jours ; mais qu'il dépense (compris
ses jours perdus) vingt-cinq francs. Ainsi, calculez quand
quarante hommes sortent de leur village pour former une
garde d'honneur au roi, ce qu'il en coûte aux femmes et enfants, voisins de la pauvreté ; le tout pour satisfaire l'ambition et la sotte prétention de leur capitaine. Hélas! si le roi
savait ça! permettrait-il que des gens dans l'indigence,
payassent pour complaire à l'amour-propre d'un chef, qui a
(il est vrai) l'insigne honneur d'être admis à la table de
son roi?

Moi qui vis au milieu d'eux, j'en ai vu rentrant chez eux,
n'y point trouver de pain. Ces sacrifices, me direz-vous,
sont dus ; je suis de votre avis, mais qu'au moment du danger: Arrière! le mensonge et la flatterie ! en avant la vérité
et l'amour du pays ! Puisse ma voix être entendue des
grands ! puisse cet exorde réprimer l'abus! c'est dans l'intérêt de tous.

Quant à notre respect pour les morts, il faut le dire, tous
les villages sont en progrès : leurs champs de repos culbutés,
une plantation d'arbres les remplacent; à la fête du pays un
bal champêtre les respecte et les honore.

J'ai vu détruire un cimetière, et la deuxième année, les
filles du village y danser. Vous les respectez ces morts,
qu'enclos de murs et les portes fermées, qui ne vous sont
ouvertes que par l'intermède d'un cerbère. Je voudrais qu'il
en fût pour les cimetières, comme pour les églises, que du-
rant tout le jour leurs portes fussent ouvertes et qu'on vît
aucuns gardiens chargés d'y faire la police et d'empêcher les

délits : car les étrangers, à voir tant de précautions, que penseront-ils de nos mœurs?

Mais pourquoi ne pas dire la vérité? L'amour-propre n'a-t-il point fait place à la vénération ? On élève un monument non pour le mort, mais bien pour soi; le plus beau n'étant pas souvent ni le plus honoré, ni le plus visité. Aussi chaque commune en fait-elle (profitant de l'orgueil de ses administrés) une branche particulière d'industrie : c'est l'impôt de l'orgueil. O faiblesse humaine! Vous qui criez à l'égalité, vous êtes les premiers à la repousser et devant Dieu et devant cette terre qui vous recouvre.

Moi, je pense que quand on a travaillé toute sa vie dans l'intérêt d'une commune, et nous y travaillons tous, elle nous doit au moins, par gratitude, le peu de terre qui nous a enseveli.

La liberté des cultes nous prive, puisque c'est notre croyance, d'aller processionnellement, le clergé et la croix en tête, au cimetière, pour la fête des morts, pour leur faire entendre nos prières : est-ce notre faute, si vous les avez délogés? est-ce aussi de la liberté, de nous priver, si c'est notre croyance, qu'un prêtre aille en cérémonie pour bénir les biens de la terre? Une seule fois pour toutes, appelez donc les choses par leur nom, et écrivez *liberté despotique des cultes :* je ne vois point un grand mal à laisser la liberté pleine et entière à tous les cultes reconnus, sauf à la police à réprimer les abus. Dites la vérité dans toutes les grandes villes, ce ne sont point les autres cultes dissidents qui l'empêchent ; mais bien la masse qui est irreligieuse et qui ne demande pas mieux que du scandale.

Comment ne leur est-il point venu à l'idée de défendre à un prêtre de sortir en soutane; cette mise est un culte extérieur, elle devrait aussi effrayer votre liberté des cultes : avouez qu'aujourd'hui, comme je l'ai déjà dit, la signification des mots est une dérision et leur application, une absurdité.

Voyez cette église (le Panthéon), qui doit et sera un jour et par sa position et par sa beauté monumentale, là métropole de la capitale; qu'en avez-vous fait? qu'un couvre-tombeau, cimetière des grands hommes! Triste récompense posthume! Tous ces gens, pourquoi vouloir les contrarier après leur mort? N'est-ce pas assez de les avoir persécutés de leur vivant? La plupart d'entre eux, étonnés de se voir dans un temple catholique, crient au blasphème. Vous voulez de la liberté des cultes, et ne voulez de la liberté de la croyance. Vous avez poussé la barbarie à exhumer *Voltaire*, J.-J. Rousseau et autres personnages de la même trempe, pour les enterrer dans une église. Est-ce respecter, vénérer un mort, que de ne point exécuter la volonté émise de son vivant? Est-ce le respecter que d'insulter à sa mémoire, le tout pour satisfaire l'orgueil d'une nation, et ranger par case le reste des corps de nos grands hommes : triste muséum posthume!

Dans deux siècles que diront nos enfants, quand notre langue débrouillée, épurée; quand chaque mot aura sa signification, que diront-ils? Nos pères adoraient ce qu'ils ne comprenaient : la preuve, c'est qu'ils ont mis dans une église, pêle-mêle, les athées, les déistes, les philosophes, les écrivains, les généraux, etc., pensant peut-être aussi que Dieu (quand viendra le jugement universel), prendra en compassion tous ces hommes extraordinaires, ensevelis dans un temple qui lui était dédié. Mais dans ce temps-là, qu'entendront-ils par grands hommes? et beaucoup de leurs noms parviendront-ils jusqu'à eux?

Au nom de la croyance, laissez l'église à sa destination et les morts à la place qu'ils ont choisie; ils se passeront de votre posthume reconnaissance et la postérité vous en aura la même obligation. Et tout en accomplissant le désir qu'ils ont exprimé de leur vivant, vous ne ferez que rentrer dans cet axiome qui vous crie de rendre à *César* ce qui appartient à César. Si vous ne le faites, le temps, au-dessus de la loi des hommes, en fera justice.

Aux yeux de tout le monde, ce monument a tellement l'air d'une église, pour qu'il n'y ait point méprise de la part des étrangers qui viennent visiter la capitale, vous avez fait mettre en gros caractère, au-dessus du portique : *Aux grands hommes, la patrie reconnaissante*. Je ne vous dirai de cette inscription, quelles impressions ils en ressentiront ? Seront-ils frappés d'un saint respect, ou en pleureront-ils, en riront-ils ? C'est selon leur disposition. Patrie reconnaissante ! voilà une drôle de reconnaissance, vaut mieux plus tard que jamais ? Moi, j'aimerais autant les voir en plâtre ou en marbre sur quelques places publiques, qu'enfouis dans vos caveaux.

Eh ! que diront-ils ces mêmes étrangers ? quand vous leur direz, voici les tombeaux de nos grands hommes, dont M^r. un tel possède la tête, dont M^r. un tel possède le cœur ; mais ce mausolée renferme le reste de leurs débris. Quelle impression respectueuse ressentiront-ils de tous ces corps mutilés ? Ils écriront au-dessus de la porte :

Dans ce caveau, soit guerrier, soit auteur,
Ce sont des corps et sans tête et sans cœur.

Avis aux grands hommes à venir, vous savez, pour vos chagrins et vos travaux, le sort qui vous est réservé.

FIN.

CHANT TROISIÈME.

L'administration de la commune de Montrouge, ou Epitre à tous les Montrougiens.

Administrer est un art difficile,
Se faire craindre, en même temps aimer,
Puis enchaîner sans paraître opprimer;
C'est un beau tact : mais qui n'est pas facile.
Sévérité! le monde est mécontent,
Vous abusez de la loi, la puissance;
Trop de sagesse, on vous croit indolent,
On entend dire, il n'a point d'influence.

Pour être chef, faut de la fermeté,
On ne gouverne avec timidité,
De prime abord, soyez juste et sévère
Et montrez-vous homme à grand caractère;
De vos agents, faites-vous obéir,
Et non par eux vous laissez envahir.
Inspirez leur, non point de cette crainte
Qu'auprès de vous, agissent par contrainte :
Mais d'un air franc, sachez les recevoir,
Qu'en leur parlant, comprennent leur devoir.
Cher magistrat, ayez pour habitude,
D'être tyran de leur exactitude :
Donnez l'exemple à tous vos employés,
Seront par vous, à leurs devoirs liés.

Sous un tel chef, déjà l'ouvrage avance ;
Point de babil, encor moins de repos,
A la besogne, ils seront tous dispos :
Un tel ressort, tient qu'à votre présence
Tel un bon maître, ami de son métier
En travaillant, seconde l'ouvrier,
Tel un bon maire, ami de sa commune,
L'aide souvent, un peu de sa fortune.
Qui de l'État est un homme de bien,
Peut du village être un homme de rien ;
Car il ne tend, qu'aux honneurs de la place,
Sans s'occuper, de l'emploi qu'il embrasse.
Oui je le veux, actif et généreux,
Homme sans crainte, au péril courageux;
Grand magistrat, pour nous tous, la justice,
Pour riche ou pauvre avoir qu'une police,
Ne voir entre eux que des administrés
Qui sont pour lui, l'un et l'autre, sacrés;
Oui, je le veux, recrutant la misère,
La stimulant, des conseils d'un bon père :
Dire à chacun, si j'ai le gouvernail
Je ne le dois, qu'au prix de mon travail :
Fus comme toi, l'enfant de l'indigence,
Dois ma fortune à mon intelligence;
Économie, ordre, puis tempérance,
Sont de ce bois qui bat la pauvreté,
Vous rend heureux, riche d'utilité;
Oui, je le veux, enseignant la morale,
Aimant la loi toujours impartiale,
Qu'on voie en lui, le meilleur des pasteurs,
Prêchant le droit, bridant les malfaiteurs;
Conciliant sans sortir de sa sphère,
Peut d'un procès en terminer l'affaire.
Qu'on le choisisse entre tous les métiers,
Les boulangers, même les épiciers.

De tout état, écartant la manie,
On y voit gens, à haut et grand génie.
N'en vîtes-vous, nés dans l'obscurité,
Luttant sans cesse avec l'adversité,
La terrasser, attraper la fortune,
Et l'employer au bien de la commune?

Tout mon esprit, ma méditation,
Ne verraient point, l'administration,
Tout son rouage et sa conception.
De ce grand art, n'en ai la moindre idée,
Sais qu'obéir et non pas ordonner ;
Pour ses secrets j'implore une Médée,
Ou mieux voir, je m'adjoins Asmodée.
Nouvel Argus ; pour tout examiner :
Je saurai tout, de lui, pouvez m'en croire,
La preuve en la main, le fait sera notoire.
Car avant tout, aimant la vérité,
Du guide on veut de la sincérité :
Pour elle seule on passe la critique,
Espérant d'elle un acte véridique.

Hélas ! je vois, si je ne réussis,
Cet air joyeux de tous mes ennemis :
Analysant l'hémistiche et la rime,
Par mes dix sous, ils découvrent enfin,
Un mauvais vers ; mais jamais un sublime:
Où ils diront, d'un doux regard malin,
Ce sont des vers d'un pauvre médecin ;
Abandonné de la gente malade,
Crut en rêvant faire une Henriade ;
Mieux eût fallu qu'il fît une pommade,
Que d'imiter *Malherbes* ou *Brébœuf;*
Pour le guérir, convertir le bonhomme,
Il eût mieux fait de continuer son somme.

C'est la grenouille en regardant un bœuf ;
Oh! qu'il est beau ! que ne suis-je aussi grosse;
Elle se gonfle ; artiste elle se hausse ,
Elle fit tant , qu'enfin elle en creva ,
Et son orgueil , chez nous tous , repassa :
Ne faites rien , on vous croit de la science ,
En écrivant , prouvez votre ignorance.
Ne vîtes-vous ce gand nombre des sots ,
Se croire auteurs ; ayant dit quelques mots?
Rêver , se taire est donc l'esprit du sage ;
Moi le premier , j'en fais un bon usage.
Matin et soir, de mon rien glorieux ,
Mon pauvre esprit ne fait des envieux.
Crois-moi , ma muse, à ma voix sois muette ,
Une de moins n'amène la disette.
Faire un bon vers , pour trois cents de mauvais,
Vaut-il pas mieux dormir , rester en paix ?
Tu veux , dis-tu, contenter ton caprice,
Prouver l'abus , défendre la justice,
De la cité rétablir la police,
Apprendre au chef comment on doit régner;
Et le grand art, de savoir ordonner ?
A ce prix , pars et rends-lui ce service.

Je tiens en main les décrets communaux ,
Tous arrêtés par nos municipaux ,
Et j'en lis un , qui vient fort à propos ;
Chaque sujet , pour combler les ornières
Et réparer les chemins vicinaux,
S'occupera d'y rapporter des terres ,
Et puis un autre , à ramasser des pierres.
De ce travail , légers amusements,
Ne croyez point à une redevance,
De nos chemins, ce n'est que l'assurance.
Vous fournirez , Messieurs , les instruments,
Et la pioche et la pelle et brouette ,

Veste et sabots, l'ample et grand tablier,
Tous les effets de ce nouveau métier.
La loi permet la douce chansonnette;
Pour le Français, c'est grand délassement :
Il pourra donc siffler, chanter fillette,
N'aura ni pain, ni solde et logement,
Le long du jour, nul rafraîchissement,
Repartira, sans tambour, ni trompette,
(L'astre de feu, fuyant le firmament)
Revoir sa belle et joyeux et content.

Mais le bourgeois crie à la servitude,
Pour sa main blanche, elle est un peu trop rude.
Mais toi faquin!... qui veux la liberté,
La loi n'entend la spéciabilité :
Ton argent seul, de ce mal te protége,
Même en payant, tu fais un sacrílége :
Vois l'ouvrier! vois ce bon citoyen!
Pour trente sous, il devient ton soutien;
Plus tard, pour rien, il refait sa journée,
Par ses bras seuls, la route est restaurée :
Telle est du gueux, l'heureuse destinée!
C'est cette loi que nos municipaux,
Dans leur sagesse, ont votée à propos.
Délibérant que châteaux et chaumières
Se chargeraient de combler les ornières :
Mais oui, dit l'un, si rien n'est plus légal,
De réparer un chemin vicinal :
Messieurs, dit-il, consultez vos lumières,
Car je n'y vois qu'un impôt illégal.
La même somme en roulant en calèche
Ou malheureux, vivant de son cheval.
Tel est l'endroit où l'on doit battre en brèche.
L'un en est quitte en donnant quelques francs,
L'autre au travail, avare de son temps.

Pour cette loi, je la crois imparfaite,
C'est mon avis, je veux qu'on la rejette.
Un autre membre, homme savant, lettré,
Y pensez-vous, vous êtes trop outré?
Vous vous plaigniez, que le pauvre travaille,
Et que le riche exploite son argent.
Je ne vois là rien de désobligeant.
Lorsqu'il travaille, il s'en va plus content,
Que l'homme riche avec sa pretintaille :
L'un est esclave à ses rudes travaux,
L'autre est esclave à de bien d'autres maux ;
Et tous les deux, fidèles à leur poste,
Tout est tranquille et jamais de riposte.
C'est un bienfait, de la société
De nous priver de toute égalité,
Et riche et pauvre, ils sont donc nécessaires;
Le corroyeur n'est point un cuisinier,
Le cuisinier, ne peut être bottier,
Ni le bottier, devenir terrassier,
Et tous ensemble, ils seront salutaires.
Ainsi, Messieurs, je vote pour la loi,
N'êtes-vous point du même avis que moi?
Par leurs travaux nos routes délabrées,
Seront bientôt, par eux seuls, réparées?
La liberté! c'est comme à l'entrepôt
D'où rien ne sort qu'en payant son impôt.

Le président, maire de la commune,
Leur dit, Messieurs, comblons une lacune;
N'avons-nous point un impôt sur le vin?
Il nous faut donc celui du grand chemin.
Ça prouve même une fort belle aisance,
Et deux à deux, ça fait une balance.
De toute route, il faut la sûreté,
Sans négliger, même la propreté.

J'arrive au but, je rends une ordonnance (1),
Que le chemin, n'est pour les piétons,
Pour la calèche et non pour les voitures.,
Nous inondant de leurs éclaboussures.
Nous permettrons, le passage aux moutons.
Voyez, Messieurs, nos routes réparées
Vont par mes soins être bien conservées.

Tout chemin neuf sera par cet édit,
Aux voituriers constamment interdit,
J'ai calculé que leur poid le défonce,
Le conserver, c'est de n'y point passer.
Un gros poteau fera toute l'annonce,
Où l'on lira qu'on ne peut traverser.
En résumé, de tout chemin, l'espace.
Sera changé, par mes soins, en impasse (2).

Mais poursuivons l'intérêt communal,
Quittons la blouse et la pelle et brouette,
Fais-toi, le soir, garde-national,
Change d'habit, fais une autre toilette.
De terrassier tu redeviens soldat,
Laissant chemins pour défendre l'État.
Soldat payant les frais de corps-de-garde,
Shakos, pompons et tout l'habillement,
Nettoieras fusil offert en garde,
Puis harnaché d'un pareil ornement,
Il t'est permis de crier : hors la garde !
De contempler même le firmament,
De voir ouvrir les portes de l'Aurore,

---

(1) Ordonnance ne permettant, dans la rue du Pot-au-Lait, que le passage aux voitures suspendues.

(2) Poteau à l'entrée de la rue des Catacombes, défense de passer qu'avec un cheval, et tout le monde sait qu'un cheval avec sa voiture, même à vide, ne peut s'en retirer.

Entendre oiseaux, par des chants de gaîté,
Chérir, fêter cette divinité :
L'Aurore fuit, le clocher se colore,
Jà l'épicier et le marchand de vin,
Par leur boutique annoncent le matin ;
Jà la fruitière, en poste la laitière,
Pour se hâter, font queue à la barrière :
Le chef, de chef, n'est plus qu'un bon voisin,
Va, satisfait, boire le jus divin.

La liberté! cette fille chérie!
Oh! qu'elle est chère! enfants de la patrie!
Quoique pour elle, on veille longue nuit,
Il faut payer les frais de ce réduit!
Et ne boirez la liqueur qui pétille,
Rompeant ses fers, lasse de sa prison,
Avec fracas, fait sauter le bouchon ;
Qui, dans le verre elle joue et frétille,
Qui de sa mousse, expirant sur ses bords,
Elle s'affaisse au gré de ses efforts.
Cette liqueur, à nos yeux si gentille,
Faut avant tout, Messieurs, payer l'octroi,
Payer l'impôt, c'est bien servir son roi!

Vive la loi! du champagne on peut boire,
La liberté n'est donc plus illusoire.
Libres de nous, tous joyeux et contents,
En bons seigneurs chanterons le bon temps :
Le bon plaisir, encor moins la corvée,
En bas le fief; au loin tous les manants,
Du privilége avons la mainlevée.
Grand peuple roi! riche de ton impôt,
De ton erreur, tu reviendras bientôt
Peux-tu, dis-moi, pendant toute l'année,
Dire, on est libre une seule journée?

De terrassier, soldat bon gré mal gré,
Municipal, électeur ou juré,
Répartiteur, enfin mille autres places,
Qu'en citoyen, il faut bien que tu fasses,
Ou bien, soudain, l'amende et la prison
Viendront bientôt te mettre à la raison.
La vérité trop souvent importune,
Et revenons au bien de la commune.

Notre conseil, par un bail de neuf ans,
A décrété que pour ses habitants
Par des canaux, la Seine détournée,
Serait pour eux, que de l'eau prodiguée ;
N'en ayant point, et pour dix-huit cents francs,
Ils vont donc voir cette eau déprisonnée,
En bouillonnant, balayer le ruisseau,
Quoiqu'en payant on en fasse cadeau ;
Dix-huit cents francs ! c'est de l'eau par trop chère
Pour ne servir qu'à couler sur la terre.
Avoir de l'eau sans son écoulement,
C'est un bienfait qui tourne en détriment ;
Je vois, partout, nos cuvettes remplies,
L'hiver, l'été, de toutes eaux croupies.
D'un beau séjour, ce n'est qu'un lieu d'horreur,
Vous repoussant d'horrible puanteur.
Ayez de l'eau ; mais que de votre pente,
L'oblige à fuir, à son but diligente :
La preuve en main, je dis à contre-cœur,
Que pour son chef ça ne fait point d'honneur.

Plus loin, je vois la mare surnommée (1),
Autrement dit, voirie abandonnée :

---

(1) Mare à la barrière d'Enfer, qu'on est en train de combler pour percer une rue qui ira rejoindre la route de la barrière du Maine ; ce sont les entrepreneurs qui la comblent ; mais non la commune.

Un Montfaucon aux portes de Paris,
Des animaux voyez tous les débris!
La puanteur et les gaz délétères,
Quittent jamais tous ces affreux repaires.
Où sont ces temps! hélas! ces heureux temps!
Où cette mare était un lac limpide,
Quand, sans abri, au milieu de nos champs,
Le doux zéphir d'un pas léger, rapide,
S'y promenait, aidé des éléments.
En feuilletant, de ce temps, les chroniques,
On y voyait les oiseaux aquatiques,
Nager, plonger, enfants légers de l'eau,
En badinant onduler sa surface,
Où l'eau cédant, semblait leur faire place.
O liberté! n'est donc plus un fardeau!

Tous les bergers de la côte Saint-Jacques,
(Dit la chronique) à la fête de Pâques,
Y venaient tous, avec leurs beaux troupeaux,
Faire un concert de leurs doux chalumeaux,
Jeune Adonis, joli berger fidèle,
N'y venait point, sans offrir le ruban,
Qu'au jour de fête il portait en turban.
Oh! quel beau jour! rendez-vous à sa belle,
Tous les échos, des antres d'alentour,
Lui répétaient le bruit de ses amours.
Voyez sa place, où, couché sur l'herbette,
Faisait entendre un air de sa musette.
On voit encore un reste de ce banc,
Qu'enfin pour elle, il fit près de l'étang.
Respectons donc les traces de l'histoire,
Beau muséum! flambeau de notre gloire!

De cette mare, aux actes communaux,
Elle est encor le moindre de nos maux :
De ce budget la commune écrasée,

Par le conseil, peine est-il arrêté?
Qu'aux dévorants il est tout débité!
Faute d'argent, la route délaissée,
Entrave tout de sa boue entassée.
C'est exigeant de trente mille francs,
Que vous avez de rentes tous les ans,
Vouloir prétendre avoir des promenades,
Jouir du soir, admirer les gambades,
De ces gamins, heureux de leur bon temps,
Au lieu d'école et joyeux et contents,
S'en vont soudain, tous d'une gaîté folle,
Sur leurs deux mains faire la cabriole:
Ou mieux encor, que des bonnes d'enfants,
En promenade y chercher des amants.

Cessons ces jeux, la discorde en furie,
Règne sur nous en parfaite harmonie.
Je crois entendre et *Vanves* et *Clamart*,
Qu'ils sont par vous, de vos rangs, à l'écart (1).
Jà votre chef, frappant à chaque porte,
Des mécontents veut grossir la cohorte.

Si nous n'avons petite légion,
Tâchons du moins de faire un bataillon:
Car la discorde ardente et tracassière,
Met son bonheur à repousser un frère.
Un bataillon, déchiré pour des riens!
Ciel! et que vois-je! et d'où vient cette lice?
J'entends crier: mais ce n'est qu'un caprice,
Qu'un sot orgueil de nos Montrougiens!
Pour accomplir leur humeur tracassière,
Voyez la troupe et méchante et sévère,

---

(1) Les Montrougiens se sont séparés de Vanves de Clamart, par affaire d'amour propre, pour ne faire qu'un bataillon.

Voulant, dit-elle, un très humble pardon,
Un autre chef ou bien le bataillon.
L'élection pourtant a fait justice,
Et malgré tout, voulez qu'on le bannisse :
Mais l'on vous trompe, à ce change on perdra;
Pour votre orgueil, budget augmentera.
Mes chers amis, valait mieux, ce me semble,
Tous réunis, que vous bûssiez ensemble ;
De frère à frère et sans inimitié,
Ne voir en lui qu'un privilégié.
La vérité fuyant un tel désordre,
Laissa sa place à l'horrible discorde.
On se tourmente, on veut, on ne veut plus,
De ce combat, enfin sortit l'abus.

Il ne faut point toujours les mêmes hommes,
Qui du budget doivent voter les sommes.
La loi te dit, électeur communal,
De renommer conseil municipal ;
Et ton devoir t'oblige, en cette enceinte,
Tous les trois ans de voter, mais sans crainte.
Si tu n'es homme, au moins sois électeur,
Et de ton maire, il ne faut avoir peur.
N'écoute point cette cafarderie,
Les mots de cour sont de la flatterie.
L'homme puissant, au moment du danger,
Vous tend la main, prêt à vous obliger :
Vous dit mon cher ! et mille politesses,
Vous éblouit, et par ses petitesses,
Fort de vos voix, fort de votre vouloir,
Vous abandonne et reprend le pouvoir.
Adieu saluts ! adieu grande promesse !
Adieu l'homme humble ! honneur à sa hautesse.
Oh ! quel beau jour ! jour d'une élection !
Petits et grands, quelle belle union !

Le lendemain, après ce grand vacarme,
Noble dédain vous reste pour tout charme.
C'est pour ton bien ; sois donc homme de cœur,
De la commune empêche le malheur.
Pour gouverner, crois-moi, nomme un bon maire,
Prends-le surtout juste, ferme et sévère.
On refera les répartitions,
De l'équilibre aux impositions :
Et tous contents de l'humble prolétaire,
Du commerçant au grand propriétaire
Verront dans l'homme un magistrat loyal,
Du riche au gueux toujours impartial.

Sous son pouvoir, justice et point de grâce ;
Tous à l'ouvrage et chacun à leur place :
Plus de cumul : encor moins un portier
Être à sa loge appelé cantonnier.

Libre de lui, le bon garde-champêtre,
Trottant partout, aux champs il doit paraître ;
Soldat du maire et non point son valet,
Doit obéir, constater un méfait,
Verbaliser, l'émeute au cabaret,
De tous délits, devenir commissaire,
C'est ton devoir, tu ne peux t'y soustraire.

Le maire oblige un pauvre à travailler
Matin au soir, la rue à balayer !
Oh ! pour lui seul ne défends la largesse,
Le secourir, mais jamais sa paresse.
Si la cité nourrit ses indigents,
Par leurs travaux, ne sont plus mendiants.

Pour la commune ayons donc un bon maire,
Car le bon maire aide le commissaire ;

Sous un tel chef, les intrigants exclus,
Reverront l'ordre, ennemi des abus;
De ce budget, répandre sa richesse,
L'utiliser, donnée avec sagesse.

On nous fera, pour la boue un trottoir,
Des boulevards et des bancs pour s'asseoir.
Dans les ruisseaux, l'eau coulant étonnée,
Au fleuve ira, par sa pente entraînée.
La pauvre mare, à son tour dédaignée,
Nous montrera sa bourbe mise à sec,
Qu'on ôtera, mais avec grand respect;
Couvrant peut-être animaux du déluge,
Quoiqu'innocents, victimes du grabuge.
Le bouclier de ce grand roi Clovis,
Ou mieux encor la passant au tamis,
Y découvrir de ces belles médailles
Qui des Romains indiquaient des batailles:
Ou des anneaux de ces centurions
Qui se battaient comme de vrais lions.
Moi je crains bien qu'au lieu de ces merveilles,
D'y découvrir catacombes de chiens,
Des os de chats, de rats ou de corneilles,
Peut-être, hélas! des os de bons chrétiens!
Sur ces débris de bêtes entassées,
S'élèveront des maisons à Bacchus,
Des bals gratis pour vendre divin jus,
Et un fort plat de bêtes fricassées.
D'un lieu d'horreur, charmant *el-dorado*,
Elève-toi, beau séjour! *ex voto*.

Nous reverrons, par un chef plus habile,
Le gouvernail dans ses mains plus docile:
Pour point de mire à son but principal,
Prendre, avant tout, l'intérêt général:

Revenez donc de votre indifférence,
Chers électeurs ! et d'un choix plus heureux,
De la justice on aura l'assurance,
Et moins d'impôts, du moins tels sont mes vœux !

OBSERVATIONS

SUR LE TROISIÈME CHANT.

Il faut avant d'administrer une commune, en bien connaître la stratégie. Tout le monde sait qu'elle est située sur une hauteur, dont les versants ne regardent aucune rivière et que par conséquent toutes ses eaux pluviales et ménagères doivent stagner.

Il faudrait donc, avant que vous eussiez des eaux superflues, que vous trouvassiez les moyens, à ce qu'elles s'écoulassent facilement vers les parties les plus basses; et de là, aux rivières les plus proches.

Quant à la mare située près la barrière d'Enfer, rue de la Pépinière, mieux appelée par les habitants rue de la Voirie personne n'ose y habiter, et par l'odeur qu'elle répand, e par ses alentours qui sont inabordables.

Je suis même surpris que l'autorité supérieure n'ait poin forcé la commune à la combler: grâce à une compagnie qui ayant formé le projet d'y percer une rue qui ira rejoindr la route *du Maine*, on est en train de la combler; mais ni l compagnie, ni la commune n'ont pris les mesures nécessaire pour donner un libre écoulement à toutes les eaux, qui depuis des siècles, l'avaient formée : c'est donc détruir l'effet, mais non la cause. Et elles en reformeront une autre dans une des parties les plus basses de ce sol.

Quant aux chemins vicinaux, je soutiens que toute commune qui a un grand revenu par son octroi, doit en employe une partie à l'entretien de ses routes, et non qu'elles soient encore à la charge de ses habitants.

Quant à leur réparation, Dieu sait quelle réparation ! c'est une vraie duperie, et pour plus grande preuve de leur inutilité, ils ont cherché à réparer le moins utile de tous. On peut arriver à la mère commune par trois voies pavées; et pour passer par ce quatrième chemin, appelé rue de Bagneux, il faudrait qu'on se détournât d'une des voies pavées. Il semblerait qu'un mauvais génie présidât à l'administration de cette commune, et qu'il lui fît prendre constamment le rebours de ce qu'elle devrait faire? Car je vois dans ce chemin qui n'est point fréquenté, un superbe trottoir avec des bornes de distance en distance, tandis qu'on est dans la fange par-dessus les bottes dans les chemins les plus fréquentés.

Sur toutes les routes, qu'y voyez-vous? Que des cuvettes remplies d'eau croupie; il y a insalubrité, désolation pour tous les habitants limitrophes de lieux aussi infects. Je ne crains point de le dire, l'autorité locale est blâmable de ne demander aide et protection à l'administration des ponts et chaussées et de l'aider par une somme votée par le conseil afin de faire les travaux nécessaires pour l'écoulement des eaux.

Hélas ! pourquoi faut-il que le luxe, l'orgueil passent avant d'être propre? soyons propres en dessus, mais avant, soyons propres en dessous. Toutes vos dépenses faites pour votre bataillon, je les eusse mieux aimées les employer à votre salubrité et en même temps à votre embellissement, qu'à exciter tous les citoyens à ce fou d'amour-propre, d'où découlent, vous le savez, le luxe, les frivolités et rivalités, et même qui pour l'esprit humain n'a point de bornes. Avant ce bataillon, qui vous empêchait de former des compagnies à part ; qui vous privait de bonnet à poil; qui vous interdisait d'être mieux habillés que les autres : j'ai beau ouvrir les yeux, je ne vois rien de changé, si ce n'est un commandant de plus, trois mille francs à prendre sur le budget! que dis-je? et toutes les dépenses que ces pauvres et honteux citoyens ont faites, le tout pour vouloir paraître comme les autres.

En résumé, pour une prétention déçue, que de suites désastreuses pour une commune : 1° une mésintelligence avec vos voisins qui demandaient pas mieux de rester avec vous ; 2° augmentation du budget, charge de plus, qui aurait pu être employée à des choses plus utiles ; 3° dépenses presque obligatoires et imprévues pour ses habitants, faites le plus souvent qu'aux dépens des besoins les plus nécessaires pour l'entretien et le soulagement d'une famille. Hélas! qui ne cherche et ne visite l'asile des malheureux, ne peut se faire une idée d'un tableau aussi déchirant qui représente sans cesse à leurs yeux, l'affreux avenir qui plane sur leurs têtes ; qui l'a vu cet asile? Celui-là ne poussera jamais le malheureux père de famille à la dépense ; loin de là, il cherchera à l'encourager en lui faisant entrevoir un horizon d'avenir moins sombre ; et non content de le consoler, il lui tendra la main pour l'aider à le retirer de la fange, de la misère. Pour satisfaire l'amour-propre d'un pays, souffririez-vous qu'il fût représenté aux dépens du pain des femmes et enfants les plus nécessiteux?

Grâce à votre organisation sociale, toujours le bien à côté du mal ; bien, qui veille sans cesse dans l'intérêt de tous, qui tend à vous remettre sur la vraie voie, qui vous avertit de votre égarement : mais hélas! que trop souvent il n'est point en sa puissance de prévenir, encore moins d'empêcher le mal.

Honneur! mille fois honneur à tous ces membres municipaux, qui les premiers soulevés d'indignation, n'ont point craint de heurter, de combattre et de refuser une pareille proposition ; en hommes consciencieux, ils l'ont refusée, avant qu'elle fût acceptée par le pouvoir ; en hommes conséquents avec leurs priccipes, ils l'ont rejetée après son acceptation ;

enfin, en hommes à convictions et désintéressés, ils sont encore prêts; ces mêmes hommes, à lutter, à combattre et à renverser un acte qu'ils ne croient dans l'intérêt de tous.

Puisse! cette leçon qui nous est donnée par des pères de famille qui ont réfléchi, étudié, pesé et calculé toutes les conséquences d'un tel acte, servir à l'avenir, à ne point nous fourvoyer, sans réflexion, dans des chemins tellement fangeux, que la plupart ne peuvent parvenir jusqu'au bout, sans faire abnégation du sentiment qui élève l'homme, (amour-propre) et tendre la main pour briller, paraître et faire comme les autres! Puisse cette leçon! qui part d'en haut, nous apprendre, nous citoyens, à consulter, ou mieux à s'en rapporter à tous ces hommes à expérience et dévouement qui, ayant toujours vécu au milieu de nous, doivent mieux connaître, dans leur âme et conscience nos besoins, et prendre sous leur protection nos intérêts. Honneur! oui honneur à tous ces membres municipaux, ils sont et seront toujours dignes de la confiance que nous leur avons accordée et des sentiments de gratitude que nous leur portons.

Parlons un peu du grand Montrouge, mère commune délaissée, qui ne demande que le moindre essor pour devenir une commune des plus jolies et des plus agréables des environs de Paris. A deux pas de la barrière, assez éloignée des grandes routes pour être garantie de la poussière : heureusement située et assez élevée pour que son air atmosphérique ne soit point saturé d'odeurs d'aucune fabrique, ni de miasmes de tous ces os qui doivent servir à faire du noir animal, en un mot, l'air y est pur, et ses communications avec la capitale y sont d'autant plus faciles, qu'elles se font par trois voies pavées. Sa richesse territoriale ne dépend donc plus que de donner à ses habitants, pour son usage domestique, de l'eau de Seine : et l'on le peut, puisque les canaux qui conduisent l'eau à Bicêtre, passent à l'une des extrémités du pays, après avoir traversé tout son territoire.

2° De supprimer sa mare ; comment, encore une mare! me

direz-vous? Eh oui! chaque hameau, par rivalité et esprit de localité, voulut avoir sa mare. Puis ce besoin d'acquérir, passant aux habitants, ils voulurent tous avoir la leur. De là, l'eau stagne à chaque porte, chaque cuvette des routes est remplie d'eau croupie et d'urines provenant des étables qui vont porter la mort à tous les arbres qu'elles abreuvent.

Pour cette mare si préjudiciable à ses habitants, croirait-on que la commune donne par an cent cinquante francs pour entretenir un pareil monument! Ainsi en la supprimant, vous soulagez non-seulement la commune; mais encore vous soutenez l'intérêt général.

3° Donner un libre écoulement aux eaux pluviales et ména-gères qui vont encombrer les cuvettes de la route de Châtillon, et qui, par leurs eaux croupies, en font de vrais marais *Pontins*, *Montrougiens*, et engendrent aux habitants limitrophes, des fièvres intermittentes.

Moi, je soutiens, que toutes ces choses faites, les propriétés doubleront, les terrains tripleront, les bourgeois y arriveront, y resteront, et tout le monde sera content.

Dans toutes les communes, l'église et la mairie, n'en sont-elles point le cœur et l'âme? Il ne lui manque donc que ces indispensables embellissements pour y voir se développer cet essor dont elle est susceptible. L'autorité ne peut ni ne doit lui refuser cette protection qui est dans l'intérêt de la commune elle-même. Essor-Messie! quand viendras-tu ac-complir nos vœux? quand viendras-tu rendre la salubrité, la prospérité et le commerce à la mère commune?

RÉFLEXIONS GÉNÉRALES SUR LA COMMUNE.

Je n'approuve qu'un drapeau politique quelconque flotte sur une église ; un monument consacré à Dieu, ne doit jamais se revêtir d'aucun emblème politique. Tous les hommes. de la même religion sont ses frères, et ne doit en repousser aucun, quel que soit son parti.

La politique de son essence faible, chancelante, changeante selon le caprice des hommes, n'en doit jamais gravir les marches ; car elle ne peut orner, bigarrer un monument qui de sa nature est immuable par les pensées qu'il représente. Dans toutes religions, n'importe lesquelles, le seul drapeau admissible, qui doit réunir les vrais croyans, c'est la foi. Je n'en connais point d'autre.

On me dira : chaque gouvernement fait chanter un *Te Deum* en actions de grâces d'un événement, ceci est différent ; trop faible d'intelligence pour approfondir la volonté de l'être tout-puissant, nous devons le remercier du succès d'une action qui tend, à nos yeux, à nous rendre plus heureux ! Rendre des actions de grâces à son Dieu, est une prière et non un acte politique. Et même l'événement blesserait-il, froisserait-il notre amour-propre, nos sentiments de cœur, notre intérêt particulier ; pour l'homme vraiment religieux, il s'unira avec nous pour reconnaître et remercier la volonté de son Dieu.

Je n'admets point non plus, qu'on fasse partager aux églises, l'allégresse générale en les illuminant ; parce que, comme je le disais, une église ne doit faire acte politique, par des démonstrations extérieures. Pour elle, la politique, ne doit et

ERRATA.

Pag.	Lignes.	
28	12	mai, *lisez* mais.
32	7	gestes et regards, *lisez* gestes, regards.
32	22	croient, *lisez* crois.
41	3	dépens, *lisez* dépend.
42	3	adresez–lui, *lisez* adressez-lui.
60	23	viens chez ton chirurgien, *lisez* chez ton chirurgien.

64 entre la 22 et 23ᵉ ligne, *lisez ce vers :*
   Ciel! quel forfait! il a de la fortune.

67	23	du mal au bien, *lisez* du bien au mal.
79	14	pour le congédier, *lisez* pour le congédier.
85	4	pourquoi faire, *lisez* pourquoi se faire.
90	5	tel un bon maire, *lisez* un bon maître.
93	14	spéciabilité, *lisez* spécialité.
95	2	n'est, *lisez* est.
95	10	poid, *lisez* poids.

www.ingramcontent.com/pod-product-compliance
Lightning Source LLC
Chambersburg PA
CBHW060625100426
42744CB00008B/1498